子どもの性虐待

スクールカウンセラーと教師のための手引き

石川瞭子

誠信書房

目次

第4章　他者から女子への性虐待——127

第5章　女子への買春

第6章 性虐待の発見と防止 —— 194

第1章 性虐待の実態

本章では教育現場が性虐待の発見と防止という役割を引き受けるにあたって、基礎となる女子への性虐待の実態や課題など周辺の事情を示します。進行は、①性虐待の定義、②性虐待の実態、③性虐待の研究上の動きで、最後にまとめを行ないます。

周知のとおりに、「児童虐待の防止等に関する法律」が平成十二年十一月に施行されました。この法律で、「学校の教職員らは、虐待を発見しやすい立場にあることを自覚し、子どもの虐待の早期発見に努めなくてはならない」と、その責務が明示されています。さらに、「虐待を受けた子どもを発見した場合、すみやかに児童相談所等に通告しなくてはならない」として、その際は守秘義務より通告義務が優先されると定めています。

この法律によって、教員は子どもの虐待の発見と通告の義務を課せられたわけです。そうしたなかで、大阪府岸和田の中学校の虐待事件が発生しました。校長と生徒指導担当教諭が、虐待の発見と通

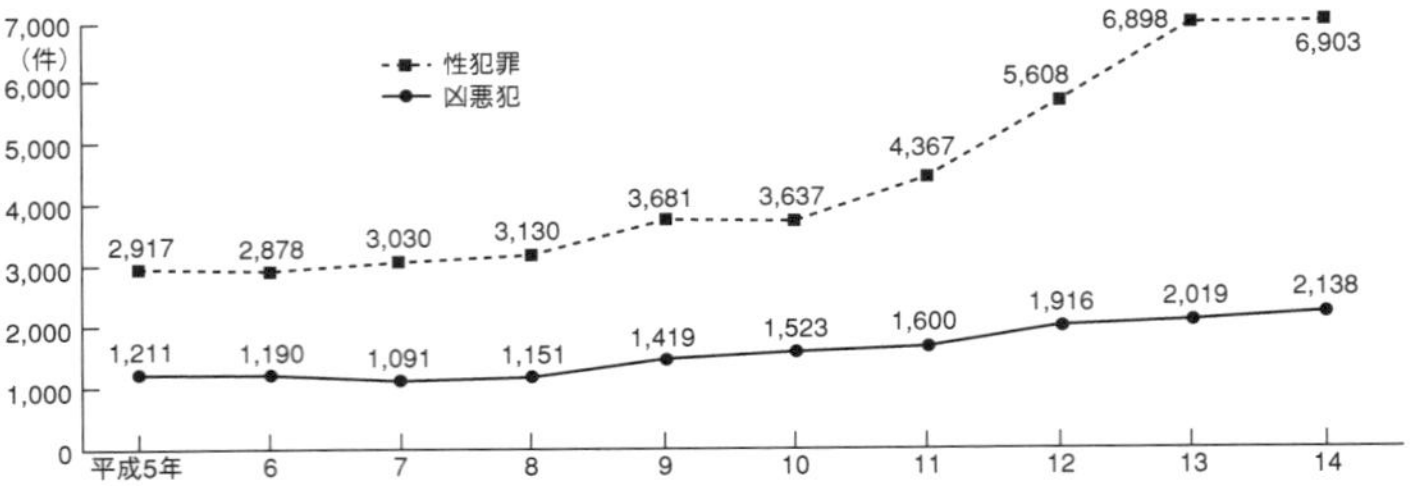

（注）認知件数を表す。凶悪犯：殺人、強盗、強姦。性犯罪：強姦、強制わいせつ

図 1－1　少年が凶悪犯，性犯罪被害を受けた件数の推移（資料：警察庁生活安全局「少年非行等の概要」

告義務の不履行により訓告などの処分を受けたことは、読者も記憶に新しいのではないでしょうか。厳しい処分に教育関係者は少なからずショックを受けたものと思われます。いまや、子どもの虐待は教育現場を揺るがす問題になりました。

現在の日本の教育現場は法的にも社会的にも、子どもの虐待にきちんと向きあう必要があります。教員は子どもの虐待の実態を知り、子どもの虐待の影響を十分に認識していなくてはならないのです。とくに性虐待は、子どもの虐待のなかでも、わが国においてもっとも認知が進んでいない虐待です。発見がむずかしく対応が困難である虐待は性虐待だけではありませんが、性虐待は甚大な人権侵害でありながらタブー視されるため、社会的な対応が遅れがちです。

さらなる困難として、性虐待の問題を非行問題、ないし個人の性の問題と認識し、人権上の問題と捉えない教員がいることが挙げられます。買春の被害にあった女子を「いかんともしがたい」と述べる教員は、買春を虐待事件として捉えていない現実の反映として最たるものでしょう。

性虐待はその裾野を広げており、携帯電話などの新しい通信手段を用いて小学校にまで浸透しています。図1-1は少年（十八歳未満）が性犯罪の被害を受けた件数の推移です。五年前の二倍に急増していることが見て取れます。学校教育の現場においても性虐待への対応は急務の課題なのです。

それではまず性虐待の全体の定義から話を進めましょう。

第1節　性虐待の定義

そもそも子どもの性虐待とは何でしょうか。まず子どもの性的虐待をめぐる歴史から考えてみましょう。厚生省発行の『こども虐待　対応の手引き』から述べます。

わが国では一九三三（昭和八）年に児童虐待防止法が制定されています。当時の法律は貧困と家父長的な家族制度が背景にある「私物としてのわが子観」など、子どもへの人権侵害を問題としていたようです。子どもの人身売買や過重な家事労働等から子どもを保護することが社会的に求められ、最初の児童虐待防止法が制定されました。そして一九四七（昭和二二）年には児童福祉法が制定され、ひろく子どもの人権の保障がなされています。

その後さまざまな社会的な変化を経て、一九九〇年度から児童相談所における子どもの虐待の相談処理件数が年次報告されることになりました。厚生省（現厚生労働省）は一九九六年に『子ども虐待防止の手引き』を作成し、学校などの関係機関に子どもへの虐待の発見と通告等を促しました。さらに一九九七年には児童福祉法が大幅に改訂され、子どもへの虐待の対応の中心的な機関として児童相談所の役割が明記されました。

そうした動きを加速させたのは一九八九年に国際連合で採択された「児童の権利に関する条約」でしょう。そのなかに性的搾取（性的虐待を含む）から子どもを保護する措置が明記されています。それは画期的な出来事でした。なぜならわが国では当時、性虐待は主として父親や兄からの近親姦を指していたからです。

そうした国際的な動きに影響されて、わが国でも一九九九年に性的搾取や性的虐待から子どもを保護する目的で「児童買春・児童ポルノに係わる行為等の処罰及び児童の保護等に関する法律」（以下児童買春・ポルノ禁止法という）が成立しました。そして二〇〇〇年には「児童虐待の防止等に関する法律」が施行されたのです。この二つの法律でわが国の性虐待の被害児童は保護されることになりました。

なお「児童虐待」とは保護者（親権を行なう者、未成年後見人その他の者で、児童を現に監護する者）がその監護する児童（十八歳に満たない者）に対して、次に掲げる行為をすることとして、第一号から第四号の四種類の虐待を挙げています。そのなかの第二号に性的虐待は記されています。

（1）身体的虐待（第一号）

・打撲傷、あざ(内出血)骨折、頭部外傷、刺傷、たばこによる火傷など・生命に危険のある暴行とは、首を絞める、殴る、投げ落とす、熱湯をかける、布団蒸しにする、溺れさせる、逆さ吊りにする、異物を飲ませる、食事を与えない、冬に戸外に閉め出す、縄などによる拘束

（2）性的虐待（第二号）

・子どもへの性交、性的暴行、性的行為の強要・教唆など、性器や性交を見せる。

・ポルノグラフィの被写体などに子どもを強要する。

（3）ネグレクト（第三号）

・子どもの健康や安全への配慮を怠っているなど。たとえば、①家に閉じこめる（子どもの意に反して登校させないなど）、②重大な病気になっても病院へ連れて行かない、③乳幼児を家に残したままたびたび外出する、④乳幼児を車の中に放置する、等。

・子どもにとって必要な情緒的欲求に応えていない（愛情遮断など）・食事・衣服・住居など極端に不適切で健康状態を損なうほどの無関心・怠慢など。たとえば、①食事を与えない、②下着など長期間ひどく不潔なままにする、③極端に不潔な環境のなかで生活させる等。親がパチンコなどに熱中し、子どもが死亡したり誘拐されたり、火災で焼死したりする事件もネグレクトという虐待の結果であることに留意すべきである。

・子どもを遺棄する

（4）心理的虐待（第四号）

・言葉による脅かし、脅迫など・子どもを無視したり、拒否的な態度を示したりすること

表1－1　児童相談所における虐待の内容別相談件数の推移　（件）

区　分	総　数		身体的虐待		保護の怠慢ないし拒否（ネグレクト）		性的虐待		心理的虐待	
	件　数	割合（％）	件　数	割合（％）	件　数	割合（％）	件　数	割合（％）	件　数	割合（％）
平成9年度	5,352	(100.0)	2,780	(51.9)	1,803	(33.7)	311	(5.8)	458	(8.6)
10	6,932	(100.0)	3,673	(53.0)	2,213	(31.9)	396	(5.7)	650	(9.4)
11	11,631	(100.0)	5,973	(51.3)	3,441	(29.6)	590	(5.1)	1,627	(14.0)
12	17,725	(100.0)	8,877	(50.1)	6,318	(35.6)	754	(4.3)	1,776	(10.0)
13	23,274	(100.0)	10,828	(46.5)	8,804	(37.8)	778	(3.3)	2,864	(12.3)
14	23,738	(100.0)	10,932	(46.1)	8,940	(37.7)	820	(3.5)	3,046	(12.8)

（資料：構成労働省大臣官房統計情報部「社会福祉行政業務報告」）

表1－2　福祉犯被害少年の学職別状況（平成13・14年）　（人）

区分	件数	未就学	学生・生徒					有職少年	無職少年
			小計	小学生	中学生	高校生	その他学生		
平成13年	8,153 (100.0)	4 (0.0)	4,878 (59.8)	99 (1.2)	2,080 (25.5)	2,590 (31.8)	109 (1.3)	910 (11.2)	2,361 (29.0)
14年	7,364 (100.0)	2 (0.0)	4,471 (60.7)	43 (0.6)	1,862 (25.3)	2,469 (33.5)	97 (1.3)	773 (10.5)	2,118 (28.8)

（資料：警察庁生活安全局「少年非行等の概要」2003）

など。

・子どもの心を傷つけることを繰り返し言う。
・子どもの自尊心を傷つけるような言動など。
・他のきょうだいとは著しく差別的な扱いをする。

以上は厚生省（現厚生労働省）発行の『子どもの虐待　対応の手引き』改訂版からの抜粋です。なお平成十四年度に児童相談所が処理した子どもへの虐待の内容別の相談件数の推移は、表1-1の通りです。

そのなかの性的虐待は八二〇人で全児童虐待の三・五％です。一方、「児童売春・児童ポルノ禁止法」の違反で警察庁が保護した少年少女は、福祉犯の被害少年として学職別に状況が報告されていますが、それによると小・中学生の合計は一、九〇五人となっています（表1-2参照）。

報告をみると、児童相談所の相談件数の二倍の性虐待を警察庁が受け付けていることになります。その両者を合計すると二、七二五件となります。これらの公式統計に対しては、先の小林らを始めとする専門家による疑問の声が多々あがっており、その意見をふまえて性虐待の定義に関する問題点をまとめてみましょう。

1　性虐待の定義についての問題点

A　「児童虐待の防止等の法律」では「児童にわいせつな行為をすること又は児童をしてわいせつな行為をさせること」としている。子どもを性虐待から保護する法律として表現が曖昧ではないか。どこからが「わいせつな行為」なのかの限定がむずかしい。

B　「子どもの虐待の手引き」で性的行為の強要、ポルノグラフィの被写体などに子どもを強要とあるが、なにをもって強要というのか範囲が曖昧ではないか。また強要でないと子が強く否定した場合はどうなるのか。

C　防止法に規定された虐待者は、保護者など現に子どもを監護する立場の者を指すが、たとえば弟や同居している同年代の近親者からの性虐待は保護されないのか。現法では現代の性虐待の多様性に対応できないのではないか。

D　児童売春・児童ポルノ禁止法違反の被害児童は、虐待防止法のなかの被虐待児童と別の法律で保護されることになる。後者は国および公共団体が虐待の早期発見および子どもの保護を行なう責務を負う。それに対して前者はそれらの責務等の記載が見あたらない。性虐待の被害児童でありながら法律により保護に差があるのは問題ではないか。

E　警察署で扱う子どもの性虐待と、国及び公共団体の責務として保護する性虐待では子どもへの扱いが異なることはないか。前者は福祉犯被害少年・性非行少女・性暴力被害児等と呼ばれ扱われることがある。扱いの差異が、援助や社会復帰の際に子どもと家族に影響を与える可能性はないか。

以上が、子どもへの性虐待の定義にかかわる問題点です。定義の問題はここに記載していない領域にもさまざまな論争があります。なにをもって性虐待というのかの論争はわが国だけでなく国際的な議論の焦点の一つです。北山らは子どもへの性虐待の定義で鍵となる概念は、①力関係、②性の自己決定であると述べ、国際的な論争内容を紹介しています。

児童買春・児童ポルノ禁止法が制定され、あらゆる形態の子どもの性虐待に対応するシステムがわが国に作られました。保護される子どもの数が増え、人権侵害をくいとめる社会的な環境が整いつつあるのは確かなのですが、子どもの性虐待の実態の把握は未だ不完全というのが現状です。第2節では、性虐待に関する法律と定義上の問題が実態把握に与える影響を検討することにします。

第2節　性虐待の実態

わが国の性虐待の実態を、統計から見てみましょう。一般的に子どもへの虐待の件数とされるのは、全国の児童相談所長会が発表している年次統計です。しかし実際には、先に説明したように、子どもの虐待で対処する機関には警察などの他の機関が含まれており、児童相談所だけが窓口ではありません。子どもの性虐待へはどの法律によりどこの機関がどの程度関与しているか調べてみましょう。

（1）児童売春・児童ポルノ法違反：警察庁の調査によれば、上記にかかわる性の逸脱行為で補導や保護した被害女子・少年は、二年間連続して増加し、平成十四年度は四、六一五人で、そのなかで自らすすんで性の逸脱行為をする女子・少年は三、一一六人で、二年連続して増加しました。また遊ぶ金欲しさに性の逸脱をする女子・少年は一、五二六人で三年間増加しています（表1-3参照）。保護した少年少女のうち、小・中学生は約三分の一余りです。

（2）出会い系サイトに関係した事件の検挙数等：警察庁によればインターネット上で異性間の出会いの場を提供する電子掲示板、チャット等のいわゆる出会い系サイトが関与した事件は、児童売春・児童ポルノ法違反が八一三件、青少年保護育成条例違反が四三五件、重要犯

表1－3　補導・保護した女子少年・少年の性の逸脱行為・被害の動機別状況の推移（人）

区分	平成9年	10	11	12	13	14
総数	4,912(100.0)	4,510(100.0)	4,475(100.0)	4,130(100.0)	4,354(100.0)	4,615(100.0)
自ら進んで	2,960 (60.3)	2,593 (57.5)	2,602 (58.1)	2,579 (62.4)	2,951 (67.8)	3,116 (67.5)
遊ぶ金が欲しくて	1,589 (32.3)	1,279 (28.4)	1,335 (29.8)	1,079 (26.1)	1,222 (28.1)	1,526 (33.1)
興味(好奇心)から	545 (11.1)	486 (10.8)	495 (11.1)	543 (13.1)	616 (14.1)	597 (12.9)
誘われて	1,773 (36.1)	1,743 (38.6)	1,640 (36.6)	1,472 (35.6)	1,330 (30.5)	1,384 (30.0)
遊ぶ金が欲しくて	720 (14.7)	649 (14.4)	475 (10.6)	423 (10.2)	395 (9.1)	377 (8.2)
興味(好奇心)から	813 (16.6)	924 (20.5)	974 (21.8)	845 (20.5)	675 (15.5)	730 (15.8)
たまされて	102 (2.1)	83 (1.8)	105 (2.3)	— (—)	— (—)	— (—)
おどされて	63 (1.3)	78 (1.7)	99 (2.2)	— (—)	— (—)	— (—)
その他	14 (0.3)	13 (0.3)	29 (0.6)	79 (1.9)	73 (1.7)	115 (2.5)

注　平成12年から男子を含む。　　（資料：警察庁生活安全局「少年非行等の概要」）

表1－4　出会い系サイトに関係した事件の検挙数等

（件）

罪種＼年		平成14年	前年比	13年	12年
重要犯罪	殺人	6	0	6	1
重要犯罪	強盗	24	14	10	2
重要犯罪	強姦	53	9	44	8
重要犯罪	略取誘拐	3	0	3	1
重要犯罪	強制わいせつ	14	4	10	3
暴行		3	0	3	1
傷害		18	5	13	0
脅迫		24	8	16	2
恐喝		83	49	34	4
窃盗		39	16	23	0
詐欺		25	−1	26	1
児童買春・児童ポルノ法違反	児童買春	787	408	379	40
児童買春・児童ポルノ法違反	児童ポルノ	26	18	8	1
青少年保護育成条例違反		435	214	221	20
その他		191	99	92	20
合計		1,731	843	888	104

（件）

区分	平成12年	13年	14年	前年比
児童買春・児童ポルノ法違反	41	387	813	2.1倍
青少年保護育成条例違反	20	221	435	2.0倍
重要犯罪(殺人・強盗・強姦等)	15	73	100	1.4倍
粗暴犯(暴行・傷害・脅迫・恐喝)	7	66	128	1.9倍
その他(児童福祉法違反等)	21	141	255	1.8倍
計	104	888	1,731	1.9倍

被害者のうち児童，女性の数の推移　（人）

区分	被害者数	児童	児童のうち女性	女性
平成12年	102	71(70)	68(67)	96(94)
13年	757	584(77)	574(76)	699(92)
14年	1,517	1,273(84)	1,255(83)	1,398(92)

(注) 児童とは、18歳未満の者をいう。( ) は被害者数に対する構成比。

注　対象は，インターネット上で異性間の出会いの場を提供する電子掲示板，チャット等のいわゆる出会い系サイトが関係した事件として警察庁に報告のあったもの。

（資料：警察庁「平成14年中のいわゆる出会い系サイトに関係した事件の検挙状況について」2003）

罪（殺人・強盗・強姦）が一〇〇件、粗暴犯（暴行・傷害・恐喝）が一二八件、その他児童福祉法違反等が二五五件で、統計を取り始めたこの三年間で十五倍の増加を示したと報告しています。平成十四年度の違反者の摘発は一、七三一件で、被害の子どもの数は一、五一七人。うち小・中学生は八四％で一、二七三人、女子は一、二五五人でした（表1-4参照）。

（3）刑法犯（凶悪犯　強姦）：警察庁は、性暴力事件の被害者数を年次統計で発表しています。刑法犯のなかの凶悪犯として、殺人などの項目と並行してあがっている強姦被害の件数は年々増加して、平成十四年度は一、一一八件で被害者のうち小・中学生は二二〇件で三年前に比べると一・二三倍となっています（表1-5参照）。

（4）刑法犯（風俗犯　強制わいせつ）：警察庁の発表によると刑法犯のなかの風俗犯の被害者は統計によると、平成十四年度は六、〇九九件で、そのうち強制わいせつが五、七八五件でした。被害にあった小・中学生は風俗犯で二、六〇八件、強制わいせつは二、四六三件でともに大幅な増加を示しています。

（5）福祉犯：警察庁によれば福祉犯（児童福祉法違反・売春防止法違反・職業安定法違反・労働基準法違反・風営適正化法違反・未成年飲酒禁止法違反・未成年喫煙禁止法違反・物及び劇物取締法違反・覚せい剤取締法違反・青少年保護育成条例違反・児童売春・児童ポルノ禁止法違反・その他の違反）による検挙総数は平成十四年度は六、二二一件で、福祉犯被害少年の総数は七、三六四人でした。うち小・中学生は一、九〇五人でした（表1-6参照）。

表1－5　子どもが被害者となる刑法犯の状況の推移

（件）

区分		少年総数	未就学	小学生	中学生	高校生	大学生	その他学生	有職少年	無職少年
合計	平成12年	352,753	515	26,161	70,699	155,122	39,681	17,736	27,023	15,816
	13	410,507	550	28,566	82,532	185,225	44,950	20,094	30,335	18,255
	14	406,519	474	28,269	83,745	180,903	44,596	19,946	29,505	19,081
凶悪犯	平成12年	1,916	87	87	210	702	206	117	301	206
	13	2,019	85	72	218	782	234	131	279	28
	14	2,138	71	102	244	798	222	112	323	266
殺人	平成12年	180	82	17	6	23	4	1	24	23
	13	154	85	15	12	11	8	4	13	6
	14	156	67	26	8	16	7	3	15	14
強盗	平成12年	720	0	9	58	287	98	49	143	76
	13	801	0	7	59	325	138	65	130	77
	14	854	0	14	78	303	138	53	172	96
強姦	平成12年	1,006	4	60	146	390	103	65	132	106
	13	1,049	0	50	145	445	86	59	131	133
	14	1,118	4	62	158	475	75	56	134	154
粗暴犯	平成12年	23,487	178	992	7,286	9,495	1,055	744	2,203	1,534
	13	25,200	155	1,306	7,882	9,913	1,148	697	2,394	1,705
	14	24,007	151	1,315	7,006	9,364	1,178	769	2,521	1,703
傷害	平成12年	7,049	110	147	2,058	2,430	267	245	1,086	706
	13	7,731	103	238	2,138	2,665	323	247	1,200	817
	14	7,789	97	295	2,075	2,612	361	264	1,284	800
恐喝	平成12年	12,448	0	490	4,229	5,582	587	360	690	510
	13	12,345	1	563	4,466	5,291	561	297	655	511
	14	10,645	0	428	3,695	4,528	518	321	672	483
窃盗犯	平成12年	309,960	0	23,174	60,491	137,783	36,562	16,013	22,806	13,131
	13	361,445	0	24,955	71,308	165,431	41,186	18,156	25,383	15,026
	14	354,927	0	24,622	72,598	159,897	40,459	17,754	23,970	15,627
知能犯	平成12年	784	0	12	31	224	231	78	135	73
	13	813	0	13	36	223	228	89	133	91
	14	860	0	26	45	285	173	72	166	93
風俗犯	平成12年	4,727	135	1,463	788	1,663	222	107	215	134
	13	6,051	171	1,782	957	2,259	248	189	290	155
	14	6,099	134	1,593	1,015	2,393	278	187	309	190
強制わいせつ	平成12年	4,602	135	1,440	757	1,609	215	106	209	131
	13	5,849	171	1,736	916	2,167	239	186	282	152
	14	5,785	134	1,554	909	2,262	270	175	298	183
その他刑法犯	平成12年	11,879	115	433	1,893	5,255	1,405	677	1,363	738
	13	14,979	139	438	2,131	6,617	1,906	832	1,856	1,060
	14	18,488	118	611	2,837	8,166	2,286	1,052	2,216	1,202

注　少年が被害者となった刑法犯の認知件数を表す。

（資料：警察庁生活安全局「少年非行等の概略」）

表1－6　福祉犯の法令別送致人員の推移　（人）

区分	総数	児童福祉法	売春防止法	職業安定法	労働基準法	風営適正化法	未成年飲酒禁止法	未成年喫煙禁止法	毒物及び劇物取締法	覚せい剤取締法	青少年保護育成条例	児童買春・児童ポルノ禁止法	その他
昭和59年	21,560 (100.0)	1,887 (8.8)	966 (4.5)	243 (1.1)	765 (3.5)	2,230 (10.3)	1,576 (7.3)	254 (1.2)	2,941 (13.6)	1,081 (5.0)	9,579 (44.4)	— —	38 (0.2)
60	21,592 (100.0)	1,627 (7.5)	1,071 (5.0)	258 (1.2)	1,147 (5.3)	3,777 (17.5)	1,037 (4.8)	221 (1.0)	2,856 (13.2)	843 (3.9)	8,723 (40.4)	— —	32 (0.1)
61	12,989 (100.0)	1,347 (10.4)	846 (6.5)	130 (1.0)	439 (3.4)	2,502 (19.3)	108 (0.8)	65 (0.5)	1,332 (10.3)	555 (4.3)	5,638 (43.4)	— —	27 (0.2)
62	13,069 (100.0)	1,278 (9.8)	722 (5.5)	152 (1.2)	546 (4.2)	2,694 (20.6)	95 (0.7)	62 (0.5)	1,718 (13.1)	478 (3.7)	5,296 (40.5)	— —	28 (0.2)
平成2年	10,653 (100.0)	918 (8.6)	305 (2.9)	173 (1.6)	562 (5.3)	2,228 (20.9)	62 (0.6)	28 (0.3)	3,228 (30.3)	274 (2.6)	2,797 (26.3)	— —	78 (0.7)
7	9,638 (100.0)	837 (8.7)	241 (2.5)	175 (1.8)	330 (3.4)	1,601 (16.6)	76 (0.8)	13 (0.1)	2,305 (23.9)	548 (5.7)	3,397 (35.2)	— —	115 (1.2)
12	6,504 (100.0)	533 (8.2)	121 (1.9)	178 (2.7)	115 (1.8)	1,078 (16.6)	82 (1.3)	9 (0.1)	1,235 (19.0)	575 (8.8)	1,762 (27.1)	777 (11.9)	39 (0.6)
13	6,379 (100.0)	617 (9.7)	126 (2.0)	130 (2.0)	139 (2.2)	940 (14.7)	159 (2.5)	6 (0.1)	1,049 (16.4)	467 (7.3)	1,663 (26.1)	1,026 (16.1)	57 (0.9)
14	6,221 (100.0)	573 (9.2)	134 (2.2)	116 (1.9)	65 (1.0)	929 (14.9)	133 (2.1)	12 (0.2)	720 (11.6)	369 (5.9)	1,725 (27.7)	1,366 (22.0)	79 (1.3)

注　福祉犯：少年の福祉を害する犯罪。テレホンクラブ規制条例に規定する罪については，青少年保護育成条例に規定する罪に含めている。

（資料：警察庁生活安全局「少年非行等の概要」）

なお福祉犯とは少年の福祉を害する犯罪で、テレホンクラブ規制条例に規定する罪に関しては青少年保護育成条例に規定する罪に含めています。

（6）児童福祉法違反：厚生労働省によると、児童相談所における虐待の相談内容のなかの性的虐待で対応した件数は平成十四年は八二〇件で、全体の虐待の相談件数二三、七三八件の三・五％でした。性的虐待の相談件数は、平成九年度に比べると約三倍の伸びを示しています（図1－2参照）。

ちなみに北山らは、「性的搾取及び性的虐待児童の実態把握及び対策に関する研究*」

で、「性的搾取および性的虐待などの性的被害は、被害者が警察に通報と告訴をしない限り事件に警察が介入することはできない。被害者が警察に届け出てはじめて公式の統計に載せられていくが、被害者が届けでない数字（暗数）はいったいどれほどになるのであろうか」と述べています。同様の思いは、子どもへの虐待の臨床に携わる者の多くが抱いていることでしょう。

北山が行った大規模な性的虐待の調査は、調査の規模はもとより、一般的に性虐待と思われている家庭内の性虐待と同じテーブルの上に、子ども買春やレイプの問題をおいて議論を展開した点が画期的だと思われます。両者を同時に議論の遡上にのせる動きは、R・レヴェスクの「子どもの性的虐待と国際人権」に象徴されるように国際的な傾向でありますが、わが国ではまだ珍しいことです。

平成十二年十一月に児童虐待の防止等に関する法律が施行されました。平成十一年に「児童売春・児童ポルノ禁止法」が施行されました。前記の（6）が前者の法律で児童相談所に処遇された件数で八二〇人です。（1）から（5）までが警察庁に被害届けが提出され、後者の法律などで保護された件数で約一三、三〇〇人です。*

図1-2は児童相談所における虐待相談件数の推移です。相談数が頭打ちになったように見えるの

---

* 平成十二～十五年度　厚生科学研究（子ども家庭総合研究事業）報告書六七「性的搾取及び性的虐待被害児童の実態把握及び対策に関する研究」主任研究員　北山秋雄（長野県看護大学）ほか。研究内容は、①性的被害の実態調査、②海外の文献研究、③初期対応、④援助のすすめかたである。このような大規模な調査研究ははじめてと思われる。

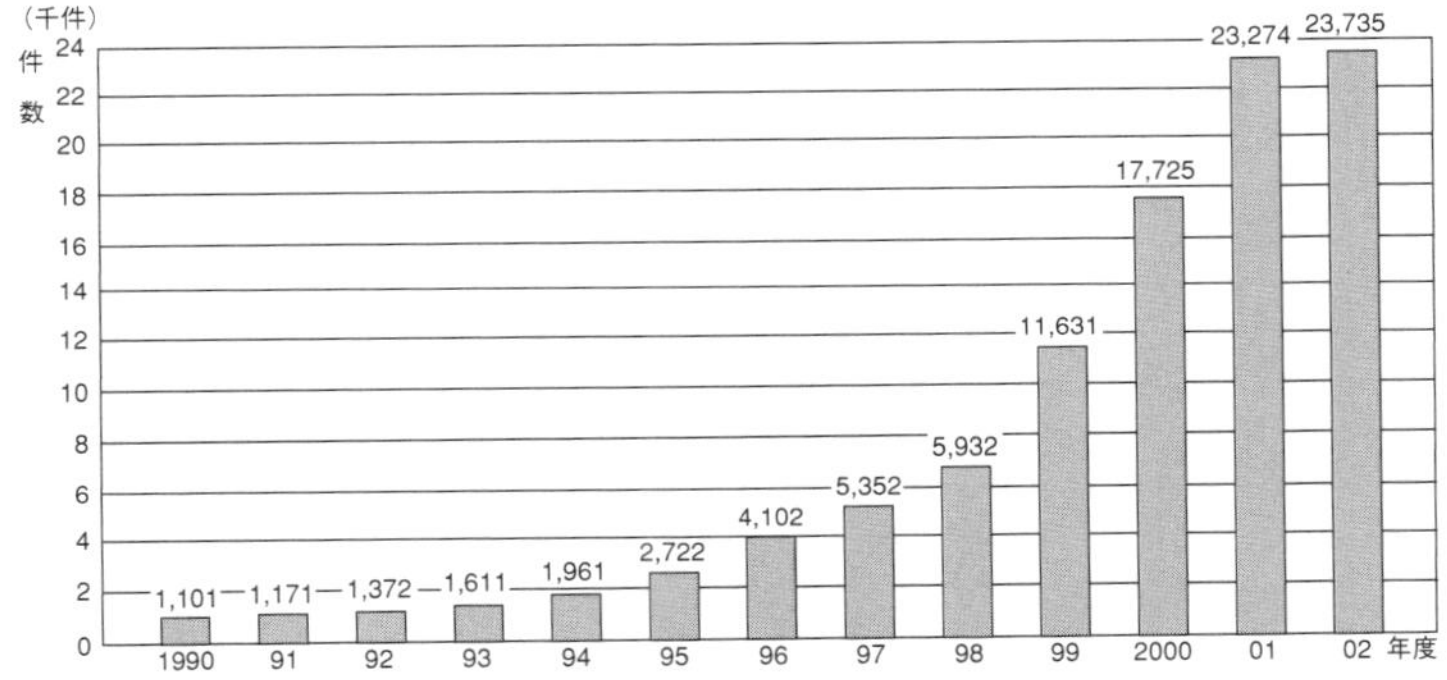

図1-2　児童相談所における虐待相談処理件数の推移

（資料：構成労働省大臣官房統計情報部「社会福祉行政業務報告」）

は、相談者が相談できる量を越えたことを示していて、申し込み件数が減ったというわけではありません。

次にここではわが国の性虐待の実態に関する問題点を五点あげて検討してみましょう。

1　わが国の子どもの性虐待の実態を把握するうえでの問題点

（1）子どもの性虐待の被害の全体像がわかりにくい。厚生労働省、警察庁と性的虐待の内容によって統計の出所が異なるため全体の発生数がわからない。

（2）虐待者の内訳がわからない。厚生労働省の子ども虐待の定義には保護者で親権を行なう者、未成年後見人その他の者で子どもを現に監護するものをいうと規定されており、統計も父・母・その他で分類されている。兄や弟、近親者あるいは知人などからの性虐待の発生数がわからないと実態が把握できない。

（3） 法律による統計処理の問題。警察庁では子どもの性虐待の被害を児童買春・児童ポルノ法違反、刑法適用の強姦や強制わいせつの被害、各自治体の青少年保護育成条例違反、迷惑防止条例違反等の被害などと法律により統計処理している。法律による分類から統計が出されているため、煩雑で分かりにくい。

（4） 性虐待の範囲が不鮮明。「なにをもって性的虐待とみなすか」は研究者や臨床家によって議論が続いている。近親姦だけでなく買春やポルノ被害などの子どもの商業的性的搾取・わいせつ行為の被害・レイプ被害など、性被害のすべてを性虐待とみなすかについて、いまだ合意が得られていない。

（5） 性暴力は、被害者が警察署に被害届けを提出しないと事件として成立しない。いっぽう児童相談所における性虐待は関係者の通告と来所によってはじめて公式の統計に載る。つまり性虐待の公式の統計の数字は実態を正確に反映しているとはいいがたい。

＊（前々頁） 性犯罪や性をめぐるトラブルに関してはさまざまな法律がある。強姦や強制わいせつなど重要犯罪には刑法が適用されるが、原則は被害者からの告訴が必要になる。おおまかにみて家庭内の性虐待は防止法、家庭外は刑法・男女雇用機会均等法・ＤＶ法・各自治体の条例などで対処される。また少女買春は児童売春防止法で対応されるも、出会い系サイトに関係したケースは別の統計処理がなされているようである。また法は被害者の被害の状態によっても適用が変更される場合があるようである。

以上をまとめると、わが国の性虐待の実態とその全体像が十分に把握されていない大きな要因には、①法律が煩雑に入り組んでいて統計が分散してしまうこと、②対応機関が二カ所あり分散して対応しているために、研究者ないし機関によって定義が異なっていること、の2点が挙げられるようです。また被害者が届け出ないと公式の統計に載らないという問題もあります。「犯罪白書」の平成十二年度版によると、過去五年間の性的暴行の被害女性のうち警察署への被害届けの提出率は一〇％を切っており、専門家の多くは、実際の性犯罪の被害女性は警察署が把握している数倍から十倍いるのではないかとみています。性虐待が「隠れた虐待」と呼ばれるゆえんです。

第3節　文献研究

それではいったいなぜ、わが国では子どもの性虐待は社会的な理解が進んでいないのでしょうか。第3節ではこの問題を、書籍と研究論文から検討してみることにします。

わが国において「子どもの性虐待」が社会的に広く認知されたのは精神科医の池田由子が八七年に出版した『児童虐待――ゆがんだ親子関係』(1)からだと思われます。池田は八十年代初期から子どもの虐待の研究をはじめて、多数の論文も発表しています。一九九一年に出版された『汝わが子を犯すなかれ――日本の近親姦と性的虐待』(2)は、わが国の子どもの性的虐待の問題に関わる臨床家に対してだけでなく、社会的にも少なからずの衝撃を与えました。

つぎに津崎哲郎が、一九九二年に『子どもの虐待――その実態と援助』[17]を出版し児童相談所の子ども虐待の取り組みを紹介し、そのなかで子どもへの性虐待に触れています。いっぽう精神科医師である斎藤学は九二年に『子どもの愛し方がわからない親たち』[10]を出版しています。斎藤は九六年に『日本の摂食障害における児童期性的虐待の頻度について』[11]、九六年にクロエ・マダネス『変化への戦略――暴力から愛へ』[27]、二〇〇〇年にジュディス・L・ハーマン『父-娘　近親姦――〈家族〉の闇を照らす』[24]を邦訳出版しています。斎藤は現在も、わが国の性虐待研究者の第一人者といえるでしょう。

また北山秋雄は九四年に『子どもの性虐待――その理解と対応をもとめて』[6]を出版しましたが、九二年にドラッカー・C・B著の『子どもの性虐待サバイバー』[21]を邦訳出版しています。

市民団体による研究・活動も一九九〇年代に入ると活発に行なわれるようになりました。九三年に横浜婦人母子問題研究会の報告書「子どもへの性的虐待に関する報告書」[33]、九四年の子ども虐待防止センターの「性虐待を考える」[9]、九九年フェミニストセラピィ研究会の『性暴力被害者支援のためのガイドブック』[25]と、同時期に森田ゆりの『子どもの虐待――その権利が侵されるとき』[30]が出版されました。

森田は『子どもの虐待』を著す前に、米国の当事者の体験談『誰にも言えなかった――子ども時代に性暴力を受けた女性たちの体験記』[31]を九一年に出版し、九二年にわが国の当事者の体験談を『沈黙をやぶって――子ども時代に性暴力を受けた女性たちの証言＋心を癒やす教本』[32]を出版しています。

森田はその後の当事者の体験談の出版に影響を与えています。

九三年の内田春菊著『ファザーファッカー』[4]、九四年の穂積純著『甦る魂――性暴力の後遺症を生き抜いて』[26]、九八年の緑河実紗著『心を殺された私――レイプトラウマを克服して』[29]等が相次いで出版されました。

近年の子ども虐待の著書と論文に関して大きなうねりがあります。ひとつの動きが援助プログラムと防止等のガイドブックの出版、もう一方が虐待のリスク・マネージメントないし虐待アセスメントに関してです。

援助に関しては九四年の西澤哲『子どもの虐待――子どもと家族への治療的アプローチ』[18]がありますが、西澤は九七年に『虐待を受けた子どものプレイセラピー』[7]も出版して欧米の先進的な援助の取り組みをわが国に紹介しました。西澤はさらに九七年『子どものトラウマ』[19]、九九年に『トラウマの臨床心理学』[20]を発表しています。

ほかに二〇〇〇年に倭文真智子監訳『虐待サバイバーの心理療法』[8]、二〇〇〇年奥野光他訳『サバイバーと心の回復力』[3]、二〇〇二年の角山富雄他監訳『被虐待児のアートセラピー』[28]、河野紀代美訳『心的外傷の危機介入』[23]など、虐待の援助に関する邦訳本の出版が相次ぎ、そうしたなかにも子どもの性的虐待の対応について触れられています。

防止ハンドブック関係では九五年の鈴木敦子他訳『児童虐待防止ハンドブック』[12]、二〇〇〇年児童虐待防止制度研究会が編修した『子どもの虐待防止――最前線からの報告』[13]、九七年の女性ライフサイクル研究会編『子ども虐待の防止力を育てる』[15]、二〇〇一年の信田さよ子著『子どもの虐待防止最前線』[22]、二〇〇一年加藤曜子著『児童虐待リスクアセスメント』[5]、二〇〇〇年の芝野松次郎編『子ども虐待ケース・マネージメント・マニュアル』[14]等があります。そうした著書も子どもの性虐待の対応に触れています。

そのほか二〇〇〇年に入って、さまざまな領域からの出版が相次いでいます。それらも参考になる部分は多々あります。

近年で特記すべき性虐待の著書はなんといってもロジャー・J・R・レヴェスクの『子どもの性的虐待と国際人権』[34]でしょう。レヴェスクは「見えない行為、子どもの性的虐待行為を子どもの人権思想からときあかし、子どもの性的搾取・性的利用・大人の犯罪に言及し、性的虐待から子どもを守るために法の再構築を行なわなくてはならない」と提言しています。* 時をおなじくわが国でも『サバイバーズ・ハンドブック――性暴力被害回復への手がかり』[16]が、二〇〇二年に性暴力を許さない女の会から出版されています。

ここで、児童虐待が一般図書として現在どの程度出版されているか検索してみました。和書として現在、わが国で入手できる書物の数は約八〇〇冊でした。ジャンルとして社会政治は四一%、社会学

＊ ロジャー・レヴェスク『子どもの性的虐待と国際人権』萩原重夫訳によれば、家庭内の性虐待にかぎらずポルノによる虐待行為、買春による虐待等あらゆる性虐待から子どもの人権を保障する総合的な国際人権法の必要性を説いている。二〇〇一年、明石書店。

関係が三二％、家族問題関係が二六％となっています。洋書は約二、五〇〇冊あり、ジャンルでは家族関係四〇％、心理・カウンセリング関係三〇％、社会学三〇％となっています。そのなかで性虐待は和書で約二〇冊、社会政治関係三八％、福祉三〇％、医学薬学三〇％です。性虐待の洋書は約一、五〇〇冊で、心理カウンセリング関係が四〇％、当事者三三％、虐待三一％でした。ジャンルは重複しているので、大まかな傾向とみてください。

和書と洋書の割合では洋書が圧倒的に多く、児童虐待で七割以上、性虐待では九割を占めています。また性虐待に関しての一般書籍は、和書と登録されているものの大多数が邦訳本であり、わが国における性虐待の研究がまだ開始されてまもないということを反映しています。

さてここで児童虐待と子どもの性虐待にかんする研究論文の流れをみてみましょう。国立国会図書館の雑誌記事索引によると、子ども虐待と性虐待の研究論文数の推移は以下のとおりでした。「児童虐待」を「子ども虐待」と呼ぶ著者が三分の一ほどいました。また家族内の性虐待は著者によって性虐待・性被害・近親姦・近親相姦などと、異なった表記がなされていました。いっぽう他者による子への性虐待は性暴力またはレイプなどと表され、子ども買春は児童買春、子ども売春、児童売春とさまざまな呼称が使われていました。

なお国会図書館のデータは一九八三年以前からと、一九八四年から一九九五年までの十年間と、一九九六年から二〇〇〇年の五年間、二〇〇一年以降およそ二〇〇二年までの二年間の四ブロックに別れて収録数が公表されています*（表1-7）。

表1-7　性虐待の研究論文の推移

	1983年以前	1984・1995年	1996・2000年	2001・2002年	計
児童虐待	8	104	339	561	1012
子どもの虐待	1	0	8	5	14
性虐待	0	0	12	5	17
子どもの性虐待	0	0	2	0	2
性的虐待	0	15	44	48	107
子どもの性的	0	0	3	0	3
インセスト	5	7	9	4	25
性被害	1	1	12	12	26
近親相姦	19	5	8	10	42
近親姦	1	0	5	10	16
性暴力	3	19	121	98	241
レイプ	26	57	183	131	397
子ども買春	0	3	18	3	24
児童買春	0	1	50	19	70
児童売春	0	0	8	2	10
子ども売春	0	0	4	4	8
児童ポルノ	2	1	48	22	73
強姦	68	54	74	44	240
性犯罪	87	51	131	44	313
性非行	13	17	5	8	43
不純異性交遊	3	0	1	1	5
性の逸脱行為	2	0	1	2	5
強制わいせつ	7	3	18	12	40
児童売春ポルノ	0	0	0	9	9
青少年保護育成	0	0	0	3	3
性的暴行	0	0	0	1	1
児童の性的搾取	0	0	0	2	2
子どもの性的搾取	0	0	4	1	5
児童の商業的性的搾取	0	0	1	12	13
子どもの商業的性的搾取	0	0	2	2	4
計	246	388	1111	1075	2770

このように、一口に性虐待といっても研究者によってさまざまな捉え方があり、ざっと検索しただけでも三十以上の呼称と研究領域があることがわかりました。一つの分野にこれほどの呼称と領域がある例は稀でしょう。

雑誌に掲載された論文を年代ごとにみていくと、一九八三年まで、約二四六論文、一九八四年から一九九五年の十年間に登録された研究論文は三三八論文です。一九九六年から二〇〇〇年までの五年間で一、一二一論文、二〇〇一年から約二年間で一、〇七五論文が登録されています。

また性虐待の研究論文数の大まかな変化は、①性犯罪・強姦・近親姦等は近年に入って減ってきている、②性暴力・性的虐待・児童ポルノ等は増加している、③インセスト・性非行・性の逸脱行動等は比較的に変化はない、点においてでした。ただし国立国会図書館に登録されていない研究雑誌もあり、ここで示した数がすべての研究論文ではないことを断っておきます。

次に、わが国の性虐待に関する書物や論文等の流れを年代ごとに区切って概観してみます。

（1）　虐待に関する研究は一九七〇年代からみられましたが、研究内容は欧米の研究の紹介が中心だったようです。性虐待は一部の研究者によって近親姦などが研究されていましたが書

＊（前々頁）　一般書籍の動向 http：//www.amazon.co.jp からの情報である。したがって他の書籍販売のネットでは異なった内容になる可能性がある。加えて民間の活動団体等が発行している教本などは反映されていない可能性が高い。この情報も一つの参考として受けとって欲しい。

物・論文数ともに少なかったようです。

（2）一九八〇年代に入って虐待問題が国際的にクローズアップされ始めたことにともない、日本でも書物や研究論文が出されるようになりました。しかし、研究者の大半は医療関係者が中心で、研究領域の広がりはあまりみられなかったようです。性虐待に関しては強姦・性犯罪等が司法関係者により研究され、近親姦など家庭内の性虐待の研究が医療や福祉の関係者によって開始され始めたようです。

（3）一九九〇年代になると、民間団体の動きが活発化して各種の調査や報告やガイドブック・テキストブックとして出版され、子ども虐待の社会的な関心が急速に高まりました。それにともない欧米の先進的な取り組みを紹介した翻訳本が多数出版されました。子どもの性的虐待に関しても一般図書の出版や研究論文が他分野から出されるようになってきました。また当事者の体験本が出版されるようになりました。

（4）二〇〇〇年代はジュディス・L・ハーマンの『心的外傷と回復』と『父-娘　近親姦――家族の闇を照らす』が出版されたのを機に、わが国の子どもの性虐待の研究に弾みが出てきました。そしてレヴェスクの『子どもの性的虐待と国際人権』が出版されると福祉学・心理学・社会学などの多領域の研究者や臨床家が刺激を受け、研究として広がりを見せ始めます。他方、虐待のリスク・マネージメントやリスク・アセスメント、虐待防止ハンドブック・援助のマニュアル本など、虐待の発見と防止および援助の技術や援助論に関する教本が多数出版され、そのなかで性虐待の対応にも触れられるようになってきました。もっとも、大多数は邦訳本です。

（5）性虐待に関する論文は一九九〇年代後半に約一、三〇〇論文が掲載され、百論百出の勢いで急速に社会的な関心の高まりをみせました。領域も医療・福祉・看護・心理・社会・司法など多岐にわたり、実践の現場も拡大し、それにつれて定義や範囲や呼称の問題も議論され始めました。その一方で、わが国の国民性や地域性に見合った性虐待の発見と防止と援助の方法論の構築の要請が高まってきました。

（6）こうした動きのなかで一九八〇年代に欧米で趨勢をきわめたフェミニズム運動から影響を受けたわが国の子どもの性虐待の援助活動は、二〇〇〇年代ではさまざまな領域の研究者による実践研究が展開されるにともない、多様化し拡散化しました。現代は多分野による学際的な援助の方法論の構築が進められ始めているといえるでしょう。そうしたなかで虐待防止等の法律の不備を指摘する声もあがってきました。

以上をまとめると、わが国の子どもの性虐待の研究は、本格的に研究が開始されてから日が浅く、ここにきてやっと研究者による研究論文・当事者の体験本・臨床家による事例報告と分析などの論文と著書が揃ってきた段階であることが分かります。研究内容も取材や報告から調査・分析へと深化していますが、児童虐待（子ども虐待）のように量・質ともに十分ではなく、特に援助のマニュアル・

リスクアセスメントや未然防止のためのガイドブック等が不足しています。
また、対象に対する研究者の立脚点がさまざまであり、呼称も三十を越しています。定義・保護・

性虐待に関する著書として筆頭にあげられるのは中井久夫訳の『心的外傷と回復』と斎藤学訳の『父-娘近親姦――「家族」の闇を照らす』でしょう。両著ともアメリカの精神科医ジュディス・ハーマンによって著わされたもので、世界的に性虐待の対応のバイブルとして広く読まれています。

斎藤は訳書のあとがきで両著の成り立ちにふれ、「新たな発見の気負いとそれにともなう家長制社会への怒りのほとばしりをこめて出版されたのが本書（『父-娘　近親姦』）で『心的外傷からの回復』には円熟した洞察を身につけた著者（ジュディス・ハーマン）のゆとりが感じられる」（一部略）と述べるも、「原著としては本書（『父-娘　近親姦』）の方がはるかに早く出版され、二冊の本の間には一三年の間がある」と述べています。

皮肉にも、わが国では中井訳の『心的外傷と回復』のほうが先に出版され、斎藤の『父-娘　近親姦』が後に出版されました。両著の出版の間はたった一年ですが、当時、現場にいて臨床をしていた筆者らにとって、それは衝撃でした。その理由は、『父-娘　近親姦』にはフェミニズム運動の影響が強く打ち出されていたのに比して、『心的外傷と回復』にはその影響がほとんど見あたらなかったからです。ハーマン自身の変化と北米社会に変化をもたらした一三年という歳月に改めて思いをめぐらせました。

つぎに筆者らがショックを受けたはレヴェスクの『子どもの性的虐待と国際人権』が邦訳出版されときです。商業的性的搾取という呼称に時代の移り変わりを認識し、わが国の性虐待の対応があらたな段階に突入したことを知ったのです。

援助に対する考え方が多様であることがうかがえます。それゆえ社会的な理解を得ることが難しかったと思われます。

社会問題としては、性虐待に対するタブー意識の根強さが、取り組みを遅らせた背景として考えられるでしょう。斎藤学が述べているように「日本ではこれ（性虐待）の実態を見ることになお抵抗感が強い」のは否定しがたい事実です。

さらに、性虐待の対応を検討する際に無視できないのはフェミニズムの観点です。歴史的にみて、性虐待に関してフェミニズム運動は大きな役割を果たしました。子どもに性的な人権侵害の事件があるということを社会に知らしめたのはハーマンらの証言を待つまでもなく、フェミニズム運動です。

その反面、フェミニズム運動の影響を色濃く残したために、性虐待の問題への対応が複雑になってしまいました。つまり、フェミニズムの見方や立場が未然防止や早期発見等の研究を妨げてしまったという側面もあったわけです。読者にとって、一九九〇年代に国際的にも注目された第二次性虐待の問題は記憶に新しいのではないでしょうか。北米で開発された性虐待の対応方法が、わが国において援助者による第二次の性虐待を発生させている、と当事者や関係者から指摘がなされました。*

＊　財団法人・女性のためのアジア平和国民基金「暴力の被害者を支援する　相談員のためのハンドブック　二次的被害のない相談を目指して」は二〇〇〇年三月に発行された普及版である。そのなかには一九九〇年代にわが国でひきおこった第二次性虐待に関して「よりよい援助を行っていくために援助者が直面している問題にも目をむけ、それを解決、改善していく必要がある」として正面からその問題を取りあげ検討している。

子ども虐待に限っても、マニュアルやガイドブック等のほとんどは欧米の取り組みの紹介であり、その方法が日本の現場に馴染まない場合があることは、今現在も指摘され続けています。まして性虐待に関しては、実態そのものがわが国で十分に解明されているわけでなく、欧米との差異も明らかではありません。わが国の社会に即した性虐待への取り組みと対応が求められています。

第4節　おわりに

日本の子どもの性虐待をめぐる現状と課題は、①性虐待の定義に関して保護する法律により子どもの処遇に差異が発生する可能性がある点、②性虐待の実態把握に関しては統計の出所が細分化されているために、全体としての性的虐待発生に関するデータが把握しにくくなっている点、③性的虐待がわが国で認識されるようになってまだ日が浅く、研究の累積という点からも検討が十分といえない点、④性虐待に関する呼称が三十以上あり、研究者によって定義や理解が異なっている点、⑤早期発見・援助プログラム・アセスメント・未然防止の方法などが未整備で、わが国の現場の実情に即した方法論の構築が急がれる点、の五点です。

性的な虐待を受けたすべての子どもを、法的にも社会的にも差別することなく、全体としての子どもの福祉の向上を目指して法整備を含む抜本的な検討がなされる必要があると言えます。

第2章

父から女子への性虐待

はじめに

性虐待には多様な形態があります。もっとも性虐待に限らず家庭における子どもへの虐待はさまざまな形があります。それは虐待が密閉された家庭内の家族関係から発生した、生活上の問題だからかも知れません。人の数ほど生活の営みがあるのと同様に、性虐待も人の数ほど形態があるのです。しかし一般的には「性虐待問題」という大きな括りで問題が語られ、その対応は一括りに「性虐待の対応」としてなされてしまう傾向があります。

第1章で述べましたが、現在の日本では専門家の性虐待に対する定義が統一されていません。そのため現場レベルで混乱が生じているところもあるようです。第2章ではまず、性虐待の代表である「父親から女子への性虐待」を三十六の自験例から分析し、類型化をこころみます。

さて、筆者が子どもの性虐待に関心を寄せたのは相当前のことです。女子の不登校で来所した母親は面接が開始されてまもなく、女子が夫である父親から性の虐待を受けていたと訴えました。相談が開始された直後に女子の父親は家出し行方不明となり、母親により警察署に捜査願いが出されました。残された日記に父親は「死にたい」と記していたのです。

一年ほど行方不明ののち、父親から突然に離婚の申請の書類が送られてきました。同封の手紙で父親は、遠方の山間部の工事現場で働いていると記し、「すまなかったと子どもに伝えて欲しい」と母親に頼んだそうです。両親は離婚しました。女子はそのころより精神的な不調を訴え、入院となりました。そして母親は精神科の治療を開始しました。

性虐待を行なった父親を筆者が面接した件数は多くはありません。多くはありませんが、大半の父親は「それを責められたら死ぬしかない」「もう自殺するしかない」と述べます。あるいは「世間に知られたら家族全員で心中する」と言う父親もいました。この父親に筆者は一回、事件を知る前に面接したことがあります。

父親は寡黙で穏和な会社員でした。もし性虐待の問題でその父親と面接していたならば、父親は筆者になんと言ったのでしょうか。その父親は治療で費用がかさむ母親のために懸命に働いていました。女子は家事をこなしていました。どのような事情があったとしても、性虐待は虐待事件です。父親の行為は許されるものではありません。

しかしこの家族と関わった後、筆者は父親による女子への性虐待に加害者／被害者という図式はあてはまらないのはではないか、と考えるようになりました。家族の全員が被害者ではないか、と思えたのです。なぜなら父親による女子への性虐待は家族の関係性のなかで発生していて、問題となるのは家族の日常生活の仕方そのものである可能性が高かったからです。

上述の家族は、性虐待が生じる前までは近所でも羨むほどの親密な家族でした。子煩悩パパと友達親子のこの家族は、休日に一家で過ごす姿が多数の近所の住民に観察されています。一家はささやかながらも一戸建てを所有し、父は大卒の会社員で母は短大卒の専業主婦、女子は中学二年の明るい子でした。

むろん父親による女子への性虐待はすべてがこのタイプではありません。しかし近年のわが国には上記のような生活スタイルを持つ家族が相当数いることは事実でしょう。つまり現在、父親による女子への性虐待の発生の可能性を持つ家族が潜在的に相当数いると示唆されるのです。性虐待は虐待のなかでも複合した甚大な人権侵害です。なによりも虐待の未然防止が重要でしょう。したがって本稿で現代の父親による女子への性虐待の実態を取りあげて検討することには意義があると考えています。

進行は、①父親から女子への性虐待の実態と研究の概要、②三十六自験例の分析、③現代の父親から女子への性虐待の六類型、④十事例からみる父親から女子への性虐待の現実、⑤全体の考察、そして最後にまとめを行ないます。

なお、父親による女子への性の虐待は近親相姦、近親姦、父娘姦、インセスト（近親相姦）という表現方法があります。今回、その表現を用いなかったのは女子の人権を最優先したいと考えたときに、その呼称では不適切と判断したためです。また、本論でいう「父親」とは「実父」のみをさし、継父や義父からの性虐待は含みません。

第1節　父親から女子への性虐待に関する日本の実態と研究の概要

ここでは、わが国においての父親から女子への性虐待の実態と研究の概要を述べます。本節の目的は、父親から女子への性虐待をめぐるわが国の現状を明らかにすることです。父親から女子への性虐待の問題とはなにかを鮮明にします。

厚生労働省によると、全国の児童相談所によせられる子ども虐待の相談件数は、一九九五年頃から急増し、二〇〇二年には二三、七三八件の相談があり十年前の十五倍になりました(7)。メディアの指摘をまつまでもなく、虐待の援助に関しては十分といえない状況が現在も続いています。だいぶ改善されてきたとはいえ、虐待された子どもを保護する一時保護所や、児童養護施設は満杯の状態が今も続いている地域があります。緊急時の対応ができない施設も報告されています(3)。それらは国の虐待に対する実態把握が不十分であることの現れといえるかもしれません。

虐待問題が問題になり、その研究が始まってからまだ二十年余り、わが国で社会的な関心の高まりをみせてから十年に過ぎません。

家庭内の性虐待の和書の代表である『父-娘——近親姦』[8]の訳者である斎藤は、『子どもの愛し方がわからない親たち』[5]を一九九二年に出版しています。その『子どもの愛し方がわからない親たち』は、わが国に子どもの虐待問題があることを広く知らしめた書物でした。当時、現場にいた筆者らはこの著書を教本として子ども虐待の援助にあたっていたものです。そして『父-娘——近親姦』の出版は、わが国も子どもの性虐待の問題から逃れることはできない現実を知らしめたといえるでしょう。

ところで、和書で経験者の体験を紹介した代表的な書物は、森田の『沈黙をやぶって』[9]です。そのなかに、四件の父親による性虐待が紹介されています。ほかに内田春菊『ファザーファッカー』[1]、中野京子他訳のB・カーフェマンとローシュテーター『強姦する父』[2]など当事者の体験が出版されています。またフリーライターの吉田タカコ著の『子どもと性虐待』[11]、山口遼子の『セクシャルアビューズ』[10]のなかにも数例の父親による女子への性虐待が取材されています。

他方、研究論文に関して国立国会図書館の書誌検索（一般）では一九八六年の夏樹の『父娘姦通』の一冊のみで、雑誌記事索引では「父親による女子への性虐待」という題目で該当する論文はありませんでした。父親から女子への性虐待の研究は、児童虐待という枠のなかに埋没している可能性があるかもしれません。また性虐待・子どもの性虐待・性的虐待・子どもの性的虐待・インセスト・性被害・近親相姦・近親姦・性暴力という呼称で論文が掲載されている可能性もありました。

ちなみに斎藤は『父-娘——近親姦』のあとがきのなかで、「児童相談所が補足している児童虐待の実数が氷山の一角であるという認識はひろまった。しかし児童期性的虐待を除いて、である」と指摘し、性虐待を語ることにわが国ではいまだタブー意識が根強いことを指摘しています。この傾向は現在もひきつづき存在しているといえましょう。

斎藤は自験例一二三人の家庭内性虐待の内訳を発表しています。それによると、実父から女子への性虐待は七七人（六二・六％）で、つぎに多いのが、実兄三十人（二四・四％）でした。斎藤は「家族外性虐待が単発被害が六割を占めるのに対して、家族内（近親姦）では頻回で長期に及ぶものが多く、一年を越えるものが約四五％にも達する」と報告し、さらに「児童期性的虐待の被害者たちは、思春期以降の生活のなかで自殺願望、自傷行為、自殺未遂、引きこもり、対人恐怖、予期不安、売春、脅迫行為など情緒的・行動的逸脱を、性的被害のなかった者たちよりも高い頻度で表出している」と述べています。

斎藤の指摘は子どもの臨床に長くたずさわった筆者の経験と重なっています。筆者の経験からいえば、子どもの性虐待の問題は起きてからでは遅く、なんとしても未然防止を徹底しなくてはなりません。それでは第二節では、筆者が直接かかわりをもった父親による女子への性虐待の三十六事件例の調査分析の結果を検討しましょう。

第2節　三十六自験例の分析

1　調査の対象

対象は一九九〇年から一九九九年の十年間に筆者が不登校で援助した事例のうち、父親による女子への性の虐待の訴えがあった十七件と、状況からその可能性を強く意識した十九件の合計三十六件です。三十六件の内訳は、過去に父親から性の虐待を受けて現在は母親になっている二十件と、最近に父親から性の虐待を受けた女子の十六件で構成されますが、両者には母親と女子の二世代にわたって繰りかえされた性虐待が五件含まれています。

対象をこの十年間にしぼった理由は、虐待の発生時の家族の状況の確認ができる記録の保存の状況にあります。なお、対象と筆者のかかわりは公立の教育関係機関十件、公立の福祉関係機関二十二件、大学付属相談室四件です。

2　調査の内容と方法

調査の内容は、①女子と家族の属性、②相談の経過、③虐待から生じる生活の問題、④虐待をめぐる家族の反応、⑤虐待時の家族の構造の五項目で、質問の合計は四三項目です。調査の方法は、筆者の記入したカルテからデータを採取する方法を用いました。補足すると、筆者は臨床二十年の間に千件以上の不登校の援助を実施しました。毎年五十件前後の受理を行ってきましたが、そのうち年間に三〜五件の割合で虐待の相談を受け付けました。相当数の累積した虐待の件数のなかから、今回は父親による女子への性虐待をと取りあげました。なお検討の内容は虐待の状況の分析より、虐待当時の家族の状況の分析に中心をおきました。理由は、本論の目的が父親から女子への性虐待の早期発見および防止の方法の提案にあるからです。

A　女子と家族の属性

［目　的］　ここでは対象となった女子と家族の属性を調査します。目的は、女子と家族の社会的な属性を明らかにすることで、対象がどのような集団であるかを検討することにあります。なおデータは紙幅の関係で上位三位までを記しました。

［結　果］　女子の虐待時の属性は中学生十六人（四四・四%）、高校生以上十二人（三三・三%）、小学生八人（二二・二%）でした。家族形態は核家族二十七（七五%）、三世代同居八（二二・二%）、単親家族一（二・七%）でした。女子の同胞間の位置は長子三十一人（八六・一%）、末子四人（一一・一%）、中間子一人（二・七%）でした。同胞数は二人きょうだい二十三人（六三・八%）、三人きょうだい六人（一六・六%）、四人きょうだい四人（一一・一%）でした。世帯主は父親三十人（八三・三%）、母親四人（一一・一%）、祖父二人（五・五%）でした。主な稼ぎ手は父親三十人（八三・三%）、母親五人（一三・八%）、祖母一人（二・七%）でした。

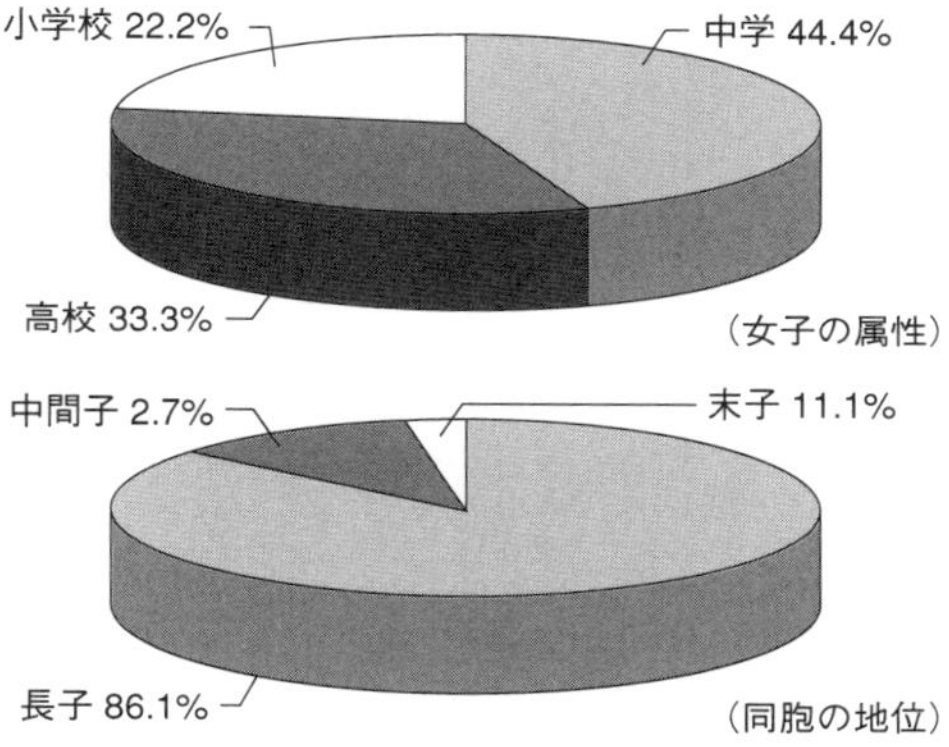

図２－１　女子の属性と同胞の地位

父親の学歴は、高卒二十人（五五・五％）、大卒十二人（三三・三％）、不明二人（五・六％）でした。母親の学歴は高卒二十人（五五・五％）、短大卒八人（二二・二％）、大卒六人（一六・七％）でした。父の職業は専門管理十一人（三四・一％）、事務販売十人（二七・八％）、運輸製造六人（一六・六％）、技術職六人（一六・六％）でした。母親の職業は専業主婦十四人（三八・九％）、パート八人（二二・二％）、自営業手伝い十人（二七・七％）でした。住居の種類は一戸建持家二十一（五八・三％）、集合住宅持家七（一九・四％）、公営住宅五（一三・八％）でした。図２－１は女子の属性と同胞の地位を示したものです。

［まとめ］

虐待時の女子の属性は約八割が中学生以上で、九割近くが長子でした。家族の属性は七割半が核家族で三世代世帯は二割でした。大半は父親が一家の中心となって稼ぎ、持ち家率も八割と高く、家族の経済状態はこの数値からみる限り問題はなさそうでした。母親は三分の一が専業主婦、三分の二がなんらかの仕事をしていました。以上をまとめると、女子および家族の社会的な属性は、経済状態と学歴等では現代のわが国の平均的な傾向をなぞっているものの、世帯の構成割合（厚生労働省二〇〇〇年調査）では六割に満たない核家族率が、本調査では七割半と高率であるという特徴がみられました。*

B　援助の経過

［目　的］　ここでは援助の経過を調査します。内容は相談機関、相談経路、相談歴、相談の申請者、性虐待が生じてからの相談までの期間、援助の契約、援助の期間、援助の構図、援助の帰結です。目的は父親による女子への性の虐待がどのようなかたちで援助の場に登場したかの経過を明らかにすることにあります。

［結　果］　相談機関は、福祉関係機関二十二件（六一・一%）、教育関係機関十件（二七・八%）、大学付属相談室四件（一一・一%）でした。相談経路は、学校の紹介二十三件（六三・九%）、知人からの紹介六件（一六・六%）、広報をみて来所三件（八・三%）でした。性虐待に関する相談歴は、なし三十人（八三・三%）、病院で相談五人（一三・九%）、保健所で相談一人（二・七%）でした。相談の申請者は、被害女子で現在は母になっている

＊　この点に関して、三十六自験例は一般的な家族のなかで性虐待が発生しているとして西澤らの先行研究をなぞった結果になったが、同時に核家族率の高さを際立たせもした。

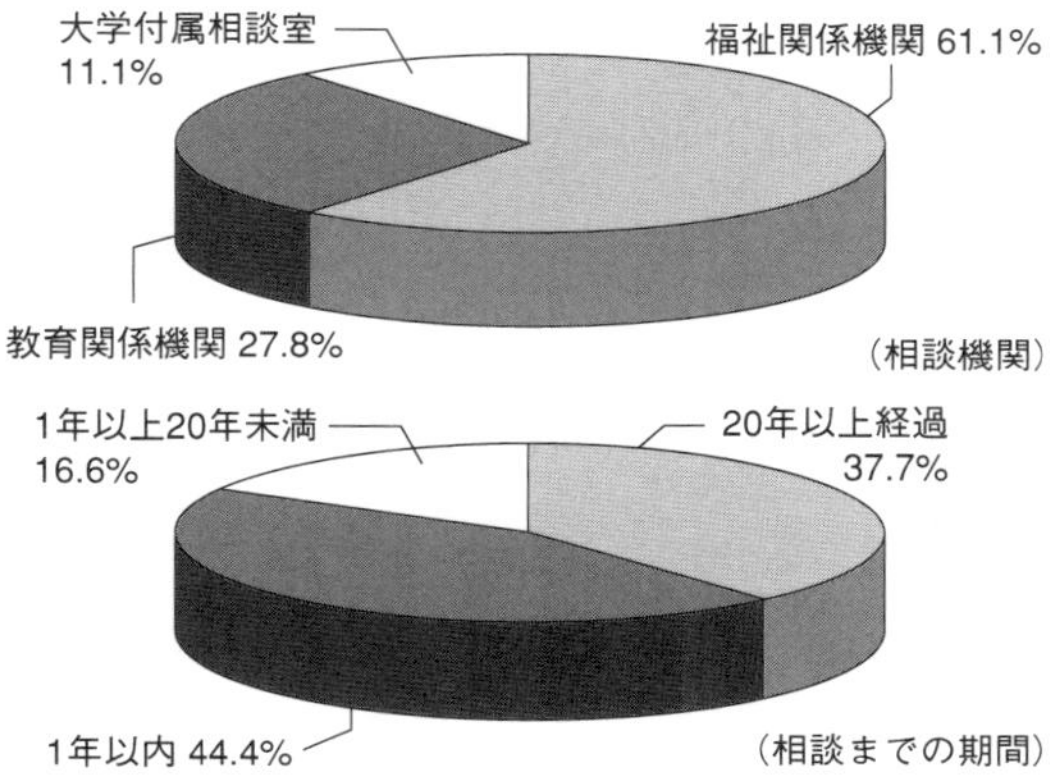

図2－2　相談機関と相談までの期間

者十七人（四七・二%）、被害女子の母十四人（四四・四%）、担任・養護教諭二人（五・五%）でした。図2-2は相談機関と相談までの年月を表わしたものです。

虐待が生じてから相談までの期間は、二十年以上経過十三人（三七・七%）、一年以内十六人（四四・四%）、一年以上二十年未満六人（一六・六%）でした。援助の期間は二年程度十五件（四一・六%）、三年程度十一件（三〇・五%）、一年以内七件（一九・四%）でした。援助の構図は筆者が単独十四件（三八・九%）、筆者を含むチームと他機関十四件（三八・九%）、チーム四件（一一・一%）でした。

虐待の問題として援助の契約をしている件数は七件（一九・四%）で、不登校などの別件で援助二十件（五五・五%）、暗黙の了解で援助九件（二五%）でした。援助の結果は終結十七件（四七・二%）、他機関へ紹介十六件（四四・四%）、中断二件（五・五%）でした。

大半が福祉関係機関の事例でした。ほとんどが学校から相談をすすめられて母親が来所しています。性虐待の発生から相談にいたるまでの時間は十年以上が半数で一年以内が半数でした。八割以上が相談歴はありません。援助の期間は八割近くが二年以上の長期でした。援助の契約は性虐待の問題として相談している者は二割に満たないです。八割は別件で相談したり、暗黙の了解で相談したりしています。援助の結果の半分は好ましい結果が得られずに、他の機関に紹介したり相談が中断したりしています。

［まとめ］

過去に父親による性虐待を受けて現在は母親になった群の相談は、性虐待の発生から相談にいたるまでの沈黙の時間が長く、子の不登校などの問題から相談が開始されている傾向があります。一方、性虐待の発生から一年以内の女子の群は、不登校などで相談に結びついているという傾向があります。

C　本虐待から生じる生活の問題

［目　的］　ここでは父親による女子への性虐待から発生する生活上の諸問題を調査します。性虐待は女子と家族にどのような生活の困難を形成するのでしょうか。おもに心身の健康状態を中心に生活への影響について調査を行います。

［結　果］　女子が一番困っていたことは自傷他害のおそれ二十一人（五八・三％）、家族との生活問題五人（一三・八％）、家出や窃盗などの問題行動四人（一一・一％）でした。女子の身体上の問題は、拒食過食十一人（三〇・五％）、食欲不振七人（一九・四％）、特になし

七人（一九・四％）でした。精神的な問題は、眠れない十五人（四一・六％）、被害的思考七人（一九・四％）、離人症などの傾向七人（一九・四％）でした。

対人関係上の問題としては、びくびくする十三人（三六％）、いらいらする八人（二二・二％）、怒りたくなる八人（二二・二％）でした。生活の傾向は、孤立二十人（五五・五％）、対立八人（二二・二％）、回避四人（一一・一％）でした。

次に、精神薬の服用を女子と家族で調べてみます。虐待後の女子の精神薬服用は、定期的に服用十八人（五〇％）、なし十二人（三三・三％）、不定期に服用六人（一六・六％）でした。入院歴は、なし二十四人（六六・六％）、あり十二人（三三・三％）でした。父親の投薬の有無は、なし三十人（八三・三％）、定期三人（八・三％）、不明二人（五・五％）でした。母親は、定期的に投薬が十六人（四四・四％）、なし九人（二五％）、不明七人（一九・四％）でした。

父親の入院歴は、なし三十三人（九一・六％）、不明二人（五・五％）、あり一人（二・七％）でした。母親の入院歴は、なし十八人（五〇％）、あり十一人（三〇・五％）、不明七人（一九・四％）でした。三親等のなかの精神疾患の有無は、不明十七人（四七・二％）、一人十二人（三六・四％）、複数五人（一三・八％）でした。

［まとめ］

女子の生活上の困難さは自傷他害のおそれ六割に象徴されるといえます。「死んでしまいたい」と

「父親を殺したい」は、ほとんどの事例に共通してみられる傾向でした。女子の心身の健康状態は芳ばしくなく、半数以上が寝食などの基本的な生活に支障をきたしていました。対人関係上の困難もあり、多くの女子が孤独感を抱いて生活しているようでした。精神薬服も半数を数え、入院も三割を超えています。また女子の母親も本人ほどではないにしても、似たような傾向を示していました。三親等のなかで、精神を患った成員がいる率は半数を超えることからも、家族の生活の困難さは予想されるのではないでしょうか。

以上の調査で明らかになったことは、父親による女子への性の虐待後の、女子への心身に及ぼす影響の重大さです。それは女子のみならず母親や家族も深く傷つけずにはおかないようです。また大半の虐待の傷は時の経過とともに軽減するというものではないといえそうです。逆に時の経過とともに、傷は精神の病として変化していく可能性を半分は示していたといえます。その可能性は同じレベルで女子と母親にみられました。*

図2-3は女子と母親の精神薬服用の割合です。

D　性虐待をめぐる家族の状況

［目　的］　ここでは虐待をめぐる家族の状況を調査します。性虐待はどのような家族の状況下で発

＊ 本調査から浮かび上がった父親による女子への性虐待から生じる生活上の諸問題は、ハーマンや斎藤らの指摘にあるとおり、大半が精神保健上の諸問題である点が明らかになった。詳しくはハーマン著の『父-娘　近親姦』および西澤の『子どもの虐待』を参照して欲しい。

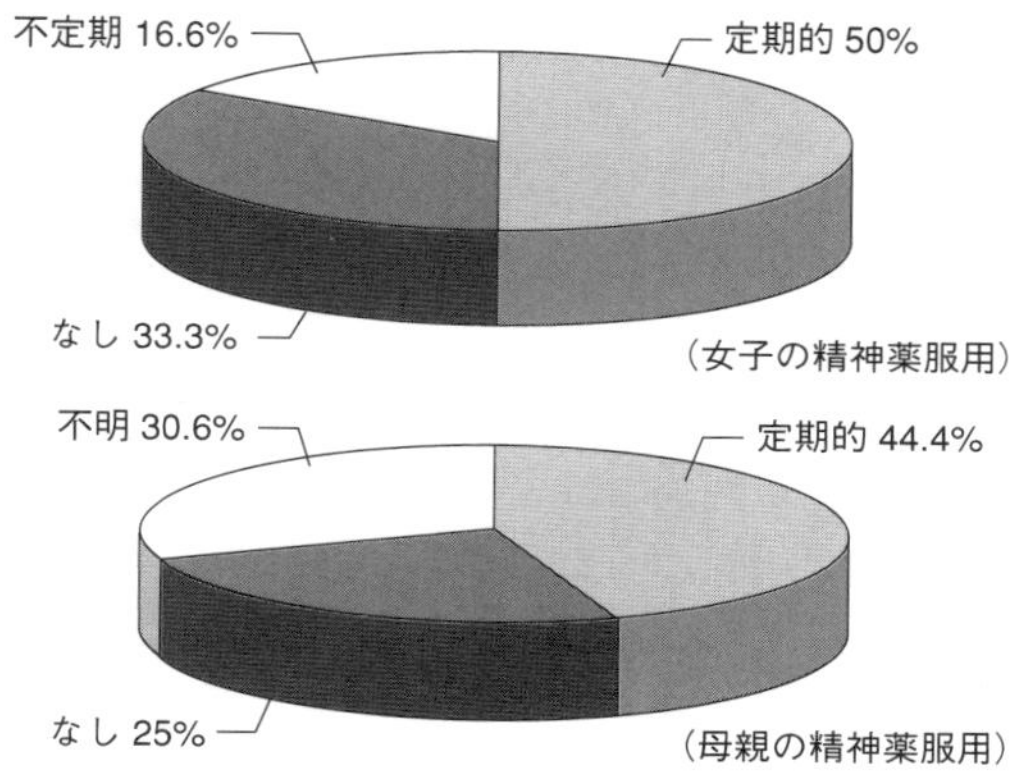

図2－3　女子と母親の精神薬服用の割合

生していたのでしょうか。性虐待を知った母親はどのような態度にでたのでしょうか。父親はどうしたのでしょうか。性虐待の問題をめぐる家族の関係を明らかにします。

［結　果］　女子以外の性虐待の被害は、なし二十三人（六三・九％）、妹四人（一一・一％）、姉二人（五・五％）であったが、不明が七人（一九・四％）でした。女子への性以外の虐待は、身体十二人（三三・三％）、ネグレクト十一人（三〇・五％）、なし六人（一六・六％）でした。世代間の発生は、多世代間連鎖五人（一三・八％）、世代間連鎖二十人（五五・五％）、本件のみ十一人（三〇・五％）でした。女子に対しての母親の態度は怒り折檻十五人（四一・六％）、否認非難十一人（三〇・五％）、混乱呆然五人（一三・八％）でした。父親の態度は、口止め十九人（五二・七％）、否認非難八人（二

二・二％）、混乱呆然四人（一一・一％）でした。父親の暴力は、母親に対して二十人（五五・五％）、女子六人（一九・四％）、なし七人（一九・四％）でした。母親の暴力は、女子二十六人（七二・二％）、父親三人（八・三％）、なし五人（一三・八％）でした。

［まとめ］

性虐待は大半が父親と長女の関係であるという特徴がみられました。次女のほとんどは対象となっていないようです。多世代間の連鎖は五件ありました。つまり祖父から長女である母親へ、父親から長女である女子へと連鎖していました。また女子の八割は、家族から身体的な暴力やネグレクトなど他の虐待を受けていました。女子に対して母親の大半は行為を非難し、なじり折檻するという行動に出ていました。一方の父親は、ほとんどが女子に性虐待の口止めと同時に二割程度が暴力もふるっていました。性虐待を受けるだけでなく、暴力をも受けていた女子がいたのです。

以上をまとめると、父親と女子と母親の三者は非常に濃密な関係性のなかで生活しており、その特異な関係性はさまざまな機能不全を家庭内に引き起こしていました。その象徴的なできごとの一つが性虐待ではないか、と捉えることができます。図2-4は世代間の発生を図にしたものです。

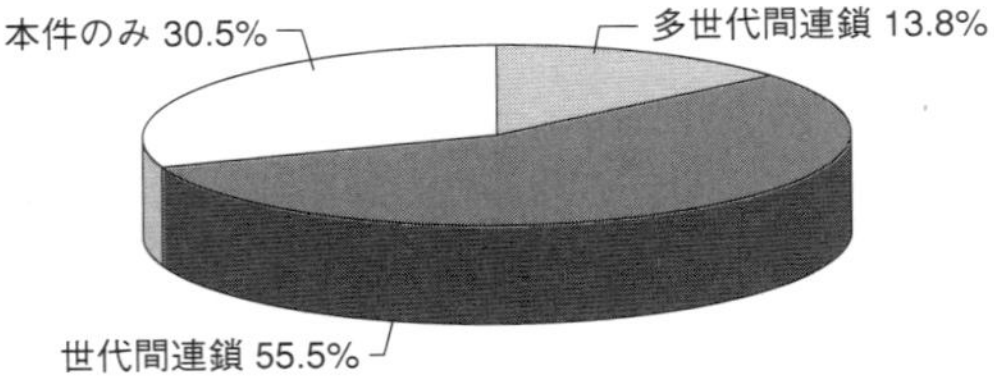

図2-4　世代間の発生

E　家族の関係システム

［目　的］　ここでは特に父親・母親・女子の三者関係にしぼって、性虐待時の家族の構造を調査することにします。父親は母親とどのような関係にあったのでしょうか。女子は両親とどのような関係にあり、家族内でどのような役割を取っていたのでしょうか。三者の関係と性虐待との関係を分析することにします。

［結　果］　父母の関係は、婚姻三十三人（九一・六％）、離婚三人（八・三％）、内縁一人（二・七％）でした。父親の養育態度は、積極的二十人（五五・五％）、気分的十三人（三七・七％）、消極的二人（五・五％）でした。母親の養育態度は、消極的十六人（四四・四％）、両価的九人（二五％）、気分的四人（一一・一％）でした。主な養育者は、母親十八人（五〇％）、祖母七人（一九・四％）、他六人（一六・六％）でした。女子と母親との関係は、普通三十人（八三・三％）、悪い二人（五・五％）でした。

父親と女子の関係は、良い二十四人（六六・六％）、悪い六人（一六・六％）、普通五人（一三・八％）でした。きょうだい関係は、悪い二十人（五五・五％）、普通十一人（二七・七％）、良い三人（八・三％）でした。両親関係は、悪い三十三組（九一・六％）、普通三組（八・三％）でした。三世代の関係は、母親が源家族と密着十六人（四四・四％）、父親が源家族と密着八人（二二・二％）、両親とも源家族と疎遠七人（一九・四％）、両親とも源家族と密着五人（一三・八％）でした。

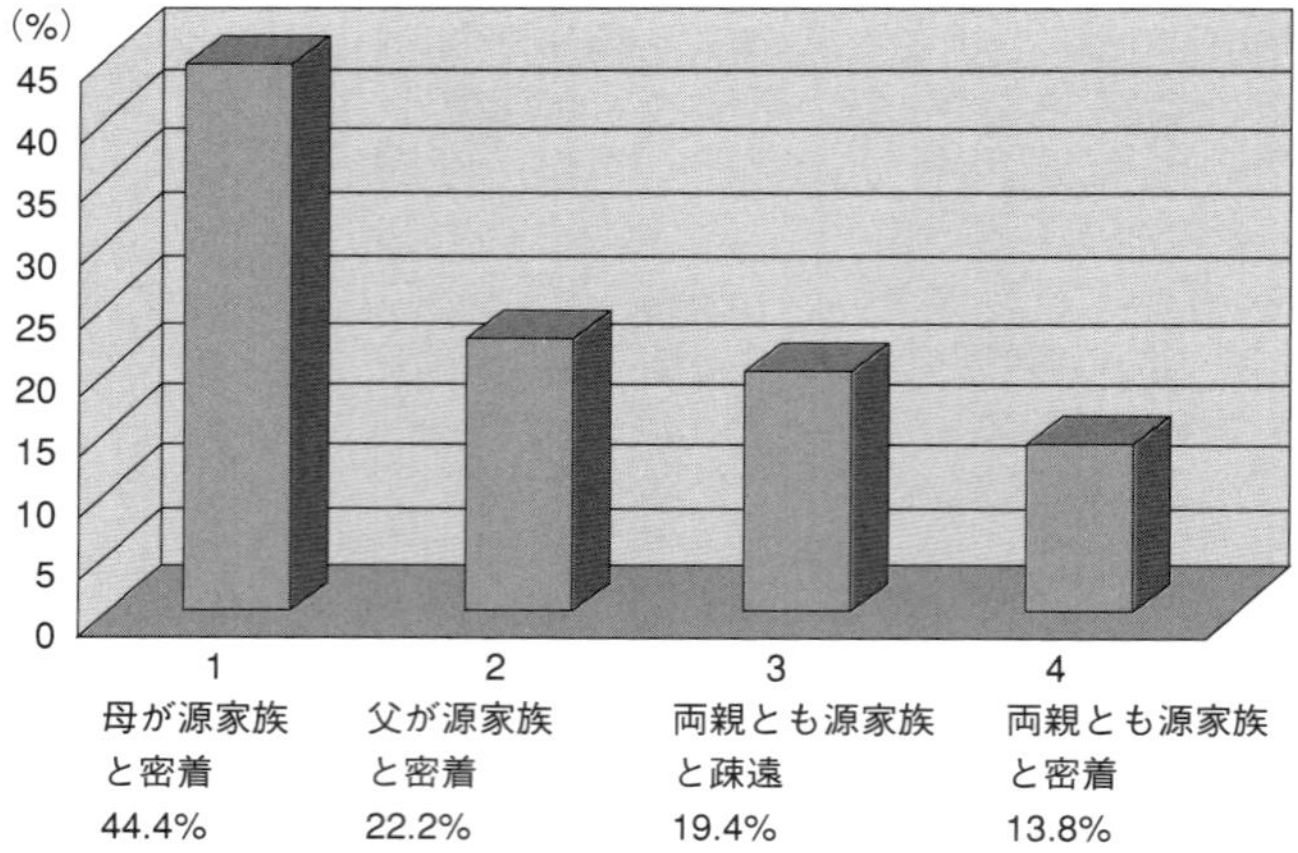

図2－5　3世代の関係

家族システムは、父親と女子が密着し、母が回避二十五組（六九・四％）、家族ばらばら十一人（三〇・五％）でした。女子の家庭内の役割は、慰める恋人役二十三人（六三・八％）、親のような叱り役七人（一九・四％）、家族の生贄三人（八・三％）でした。図2-5は三世代の関係を図にしたものです。

家族の関係は子育てに協力的な父親と、やや消極的な母親という組みあわせの特徴がみられました。性虐待の被害にあった女子は父親っ子で、父親も女子を恋人のように扱い、安らぎを得ていたようでした。両親間より父親と女子間のほうが親密な関係が強いという傾向がありました。その背景に両親間の気まずさがあったようです。その気まずさは、両親の源家族との関係距離が影響を与えていたと思われました。つまり両親間には、実家からの自立の未達成という問題がひそんでいました。その結果、家族は二分され、あるいはバラバラの状態、または関係の悪さをとり繕うように一塊りとなって生活していたと思われました。性虐待の背後には、源家族の関係距離の問題がひそんでいる可能性が示唆されました。

［まとめ］

本調査で明らかになった代表的な点は以下です。①対象は核家族のなかの長女が大部分を占める、②父親と女子と母親の三者の家族の関係距離に特徴がある、③その関係距離は両親の源家族との関係距離から影響を受けていると考えられる。つまり三十六自験例からは世代を越えた家族の関係距離の側面として、性虐待の問題を捉えることができるのではないかという示唆を得ました。

以上の結果は、長女が多い、母親が病気か不在、母親の伝統的な役割を女子に課している、父親のほとんどは普通の人で性虐待が女子にダメージを与えているとは思っていない、女子は父親っ子ないし父親に気をつかっているなどのハーマンらの先行研究をなぞった結果になりました。*

また、先の斎藤の自験例一二三人の家庭内の性虐待の調査の内容「児童期性的虐待の被害者たちは思春期以降の生活のなかで自殺願望、自傷行為、自殺未遂、引きこもり、対人恐怖、予期不安、売春、脅迫行為など情緒的・行動的逸脱を高い頻度で表出している」という報告をなぞった結果になりました。三十六自験例もハーマンらの調査や斎藤らの調査とほぼ同様の結果をみたのです。父親から

＊　ハーマンの調査によると性虐待の後遺症は、①鬱病や強い抑鬱、②自殺企図、③孤独感、④薬物などの依存、⑤家出などが一般群よりも高い比率で発症しているとしている。詳しくは『父-娘　近親姦』の一〇九頁の表を参照して欲しい。

女子への性虐待は、被害者であるほとんどの女子になんらかの心的外傷を残さずにはおかない、重篤な人権侵害であることがここでも示唆されました。

第3節　父親から女子への性虐待の類型

父親による女子への性虐待の類型化の試みは近年では板垣らが行なっています。板垣らによると、女子へ性虐待を行う父親には五つのタイプがあるとされます。

①子どもをいつまでも「自分のもの、所有物」とみなし家族全員を支配するタイプ、②妻との関係が何らかの理由によって悪化して、子どもに妻役割を期待するタイプ、③もともと小児性愛の嗜癖をもっていて、成人した女子よりも子どもとの性的な関係を好むタイプ、④家庭内で性暴力が代々続いていて、そのことを当然と思っているタイプ、⑤子ども時代に性暴力や家庭内暴力を受け、心的外傷体験から回復していないタイプ、に分類し、性虐待の類型を示しています。*

板垣は「一見ごく普通の中流の家族という場合も多く、両親とも高学歴で社会的な地位も収入も安定している家庭もあった」と述べています。さらに板垣は「父親から娘への性暴力は常道からの逸脱というよりは、むしろ予測可能なありふれた家長権の乱用である、と指摘したハーマンの先行研究と

＊　板垣の性虐待の類型は、平成十三年度厚生科学研究「性的搾取および性的虐待児童の実態把握および対策に関する研究」のなかで展開されている。詳しくは、報告書の六九-八一頁を参照して欲しい。

で注目されます。

類似した結果をえた」と述べています。板垣は精神医療から性的虐待の父親の類型を行なっている点

父親による女子への性虐待には似かよった家族の構図や関係性が観察されることはハーマン以外にも指摘する研究者は多いようです。そこで筆者は先行する知見や三十六自験例の調査をもとに、以下のような類型化をこころみました。類型化は、筆者が援助の過程でいただいた仮説を再構成するかたちで行なわれました（表２-１）。

類型表は時間と関係の二軸で構成されます。１類から３類の分類は時間軸、ＡからＣの分類は関係軸の分類です。

１類は、父親による虐待を受けてから十年以上が経過し、現在は母親（過去女子）になっている者の類ですが、同時に女子（実子・娘）も夫である父親から性の虐待を受けています。多世代の連鎖がみられる群です。２類は１類と同様の母親（過去女子）の群で、娘である女子は性虐待を受けていない群です。３類は性虐待を受けて約一年以内の女子の群です。

２類のなかのＡ群は世代内の連鎖、すなわち姉妹が父親により性の虐待を受けています。Ｂ群は姉妹の被害はみられません。Ｂ群に比べるとＡ群は家族の病理がより深いと思われます。

３類のなかのＡ群は、父親の特性から発した性虐待といえます。背景に父親の病気や障害など、また特異な人格傾向（小児性愛など）の特殊な事情があります。Ｂ群は顕著な両親の不和が観察される家庭のなかで発生した性虐待です。Ｃ群は友達親子、恋人のような父親と女子の関係の延長上に発生

表 2－1　父親から女子への性虐待の類型

1類		父親から女子への性虐待が多世代の連鎖となってくり返されていることが観察される。祖母・母親の連鎖が観察されるだろう。家族病理が深く，家族の機能不全が深刻だろう。性だけでなく身体的・心理的・ネグレクトなど複数の虐待問題をもつかもしれない。家族の凝集性がたかいので外部に援助めることはなく，対応を誤ると無理心中などの重篤な結果をまねく危険性があるだろう。
2類	A群	多世代の連鎖はないが世代内の連鎖はみられるだろう。女子（母親）の妹が父親の性虐待の犠牲になっている可能性がある。家族内に機能不全が観察されるも1類ほどではない。女子は他者からの虐待を受けている場合もある。家族の凝集性は高いが多くの家族は分離しているだろう。家族内に暴力や病むことで問題を解決する図式がみられることが多い。
	B群	世代内の連鎖はみられないが過去に母親が性虐待をうけた群である。ドメスティックバイオレンスが日常的に観察されるだろう。アルコールなど依存の問題をもつ家族成員がいる場合もある。子どもが集団不適応を起こしている場合も少なくない。家族は多問題を抱えて崩壊の危機にあるかもしれない。 性虐待の前に不登校などで援助の場に登場するだろう。未然防止を徹底したい群である。
3類	A群	多世代や世代内の連鎖はない。女子が父親から性虐待をうけて約1年以内の群である。父親の問題行動は本件以外にとりたてて見あたらない。なにか特定できる状況や条件があるだろう。父親の病気や障精神疾患，薬物の影響といった条件である。治療がなされると性虐待は消滅するであろう。母子に父親の病気や障害への理解，許す作業が必要になるが，結果は虐待前の家族関係に大きく左右されるであろう。
	B群	両親の葛藤が結婚当初からみられ，二分された家族システムをもつことが特徴となろう。寝室がわかれていて，両親関係よりも特定の女子と父親が接近しているという特殊な関係性が観察されるだろう。両親間は互いに非難しあうも，その女子が両親を仲裁することも珍しくない。両親とも源家族から独立しておらず，親としての役割意識が脆弱で病気に逃げこむ母親も少なくないだろう。
	C群	友達親子である。欧米の自由や平等をモットーとするリベラルな家族である。しかしリベラルで親密な家族関係の延長上に性虐待事件があることはだれも気づかなかったであろう。愕然としているのは両親と女子であるかも知れない。しかし，もとをたどれば両親間の不一致が隠されている場合も少なくない。新しいタイプの家庭内の性虐待であろう。潜在的に相当数の予備軍がいると思われる。

した性虐待で、新しいタイプの性虐待と筆者は注目しています。C群に比べると、B群は関係の修復が困難で、離婚という解決方法を家族が選択する傾向が強くみられるようです。

類型表に当てはめて三十六自験例をみると、1類は十人（二七・七％）、2類は十五人（四一・六％）で、内訳は、A群七人（四六・六％）、B群八人（五三・三％）、三類は十一人（三〇・五％）で、内訳は、A群三人（二七・三％）、B群二人（一八・二％）、C群六人（五四・五％）でした。

図2-6は類型表に三十六自験例を当てはめたものです（七七頁参照）。

類型表の特長は、父親から性虐待を受けて十年から二十年経過した現在は母親（過去女子）の群を、性の虐待から一年以内の女子の群と同等に表示した点にあります。前記の群はこれまで研究のなかに登場してこなかった群といえましょう。臨床場面ではたびたび存在は示されていましたが、後記の群の援助の緊急性や必要性から枠外におかれていた群であったといえるでしょう。

前記の群は、援助の緊急性こそ後記の群に劣るものの、援助の必要性については同等であるとみて良いのではないでしょうか。父親の性虐待から受ける心身の傷は、時間が経過したからといって全員が癒やされるものではなく、むしろ時間の経過とともに生活の病いとして、さまざまな場面に影を落としていく場合も多いといえます。つまり、現在は母親の立場にある群も援助を必要としているのです。

ちなみに両者の関係をみると、五組が母子関係です。前記の対象群の四分の一の女子（実子）は父親から性虐待を受けています。その数を多いとみるか少ないとみるか意見は別れるところでしょうが、筆者はたいへんに貴重な数であると考えています。つまり現時点で四分の三の女子（実子）は、まだ性虐待を受けていないのですから。たくさんの指摘があるように虐待の連鎖は、性虐待とて例外ではありません。その母親を支えることは、女子の性虐待の未然防止の絶好の機会といえるのではないでしょうか。

［まとめ］

父親から女子への性虐待のわが国の実態と三十六自験例の分析からわかったことは、以下の点です。児童虐待のなかでも発見が困難で援助が難しいとされる父親から女子への性虐待は、ハーマンらが指摘するように常道からの逸脱というよりも、むしろ予測可能な独特の家族形態に特色づけられた、家族の日常的なできごとである可能性が示唆されます。

たしかに性虐待の被害者である女子のほとんどは長女であり、小さな母親として家のなかで母親役割と妻役割を担い家族を維持しているといえます。母親は不在か病気であるか、母親としての役割が十分に果たせない依存的性格が観察されます。父親は社会的には対面を重んじ、父親としての役割と夫としての役割を担おうとしていますが、内実は幼く弱く、そして孤独です。そうした傾向はハーマンらの先行研究をなぞっています。

こうした傾向は、わが国では一般家庭でも見受けられるものです。むしろ家庭内の性虐待はどの家庭にも起こりうる日常的な出来事といえるかも知れないのです。家族の関係と日常生活のなかに性虐待という落とし穴がしかけられていることは、落とし穴に落ちてみなければ気づきません。そもそも日常生活のなかに危機が潜んでいると思いながら生活している人はあまりいないでしょう。

性虐待の被害にあった女子の大半はなんらかの精神保健上の問題を持ち、生活するうえでさまざまな困難を持っていました。多くの先行研究で示されているようなＰＴＳＤ（心的外傷後ストレス障害）を示していたのです。ＰＴＳＤのなかでも性虐待から一年未満の思春期にある女子は急性期の症状を示し、母親になった過去女子は慢性期のＰＴＳＤの症状を示していました。多くの先行研究が述べている結果が、三十六自験例の分析でも明らかになりました。*

第4節　父親から女子への性の虐待の実際──十事例

本節は、筆者が関わった十事例の実際を検討しましょう。その際、さきに報告した三十六自験例の分析から作成した類型を示しながら説明を行います。本節は、①典型的な父親による女子への性虐待の十事例、②「父親から女子への性虐待」の六類型からの十事例の考察、③まとめの順で進行します。

なお、これから見ていく十事例は、守秘義務から個人の情報に関して事実を損なわない程度に修正が施されていることを事前に記しておきます。

* ＰＴＳＤはアメリカ精神病診断基準（ＤＳＭ-Ⅳ）に記載されている。虐待との関係で理解しやすく表現しているのは、西澤の『子どものトラウマ』八二頁から一一八頁にかけてである。是非一読をすすめる。

1　十事例

【事例1】　十一歳、A子の場合

家族は両親と弟の四人家族。社宅に入居。父親は有名大学卒で、有名企業のエリートコースの中間管理職。父親は幼少時にその実父を事故で亡くしていました。父親の実母は苦労しながら女手ひとつで父親を育てあげ、大學に通わせました。母親は高卒後、勤めていた会社で父親と知り合い、結婚しました。母親は結婚後は専業主婦となりました。A子には二歳離れた弟がいました。弟はクラスで一番の成績でしたが、当時は登校を渋っていました。母親は鬱病の既往歴を持ち、当時も精神科の治療を続けていました。

A子は成績が優秀で、クラス委員をつとめるなどの積極性がありました。しかし、急に授業中の態度が散漫になり、成績も急落しました。授業中に髪の毛をハサミできる、給食で配られた牛乳を頭からあびるなどの奇妙な行動が現れたのです。A子には友達もたくさんいましたが、その友達が話しかけてもA子は応答しなくなりました。不信に思った担任は母親を呼び出しました。母親はいくどかの担任の呼び出しにも応じず、体調が悪いと担任の訪問も断りました。そして、A子は完全に登校しなくなりました。

担任は母親に、A子を病院に連れて行くように電話口ですすめました。母親はショックを受けました。母親は担任から精神科受診をすすめられたと誤解したのです。怒った母親は、A子と弟を登校させなくなりました。困った担任は筆者のもとで相談をするように母親に助言しました。

Ａ子は母親とともに相談室に来所しました。来所したＡ子は「父親がＡ子のベッドに入ってくる。眠れない。夜が怖い」と筆者に訴えました。同席した母親は「自分は睡眠薬を飲んで寝ているから知らない」と述べ、「Ａ子が嘘を言っている」と強く否定しました。Ａ子は泣き出しました。Ａ子は尋常ではない状態でした。単身で訪れた父親は「Ａ子は父親っ子でいつも一緒だった。Ａ子の言っていることが理解できない」と答えました。

二回目の面接でＡ子は、ベッドに入ってくる父親を拒むと、父親が「Ａ子はお父さんが死んでもいいと思っているの？」と聞くと述べ、「それを聞かれるのがいやだ」と泣きながら訴えました。同席していた母親は「恥知らずもの、Ａ子は疫病神だ」と激しくＡ子をののしりました。そして母親は「もう聴きたくない。Ａ子の話を聞いていると頭のなかが真っ白になってしまう、気が狂ってしまう」と悲鳴をあげ、両手で両耳をおさえました。Ａ子は涙を流しながら、「このようにパニックになると、母親はＡ子をひっぱたいたり蹴ったりして、家の中は大変な状態になっちゃう」と訴え、「それをみるのがとても辛いの」と、声をあげて泣きました。

筆者は母子をねぎらった後に、Ａ子にドアに取り付ける鍵を渡し、鍵の取り付け方を説明しました。そして寝るときや一人で部屋にいたいときは鍵をかけるように促しました。母親は横を向いていましたが、ドアに鍵を取り付けることには反対しませんでした。

二カ月後に単身で来所した父親はひどく憔悴した様子でした。顔を伏せたまま父親は声を絞り出すように話し出しました。「先生（筆者）が何を言おうとしているのか分かります」と述べた後に、父親は長く沈黙しました。父親は嗚咽のような低い声をあげて、肩で激しく息をしていました。父親は「外に出れば激務で敵ばかり。毎日が過酷な日々。家に帰れば妻が病気で寝ている。気持ちが休まらない。唯一の楽しみはA子と一緒に過ごす時間だった」と話しました。仕事から帰宅後、父親は母親のかわりに家事の一切をこなさなくてはならない状態だったのです。そうした父親をねぎらっていたのはA子でした。

【事例2】　十二歳、B子の場合

父親は一流企業の専門職。国立大学を卒業後に大手の企業に入社。母親は短大卒の専門職で当時はパート勤務でした。父親はひとりっこで両親に溺愛されて育ちました。母親は二人姉弟の長子で、独立心が旺盛なキャリアウーマンでした。B家は都市型のマンションを購入して入居していました。

B子はしっかりして成績も上位で、スポーツも得意な活発な女子でした。そのB子が中一になったとき、急に「父親が殺しにくる。棒をつっこみ痛い思いをさせる」と母親に訴え、登校ができなくなりました。夜になると叫び声をあげ、寝室から飛び出して、ベランダから飛びおりようとしました。母親にしがみつき、一時も離れようとしませんでした。母親は小児科にB子を連れていき相談しました。小児科でもらった薬ではB子の症状は治まりませんでした。そして夜になると、B子は包丁をふりかざすようになりました。不登校から二週間後には訪ねてきた担任や友達とB子は面会することができなくなりました。急激な変化に困った担任は、筆者のもとで相談することをすすめました。

もともとB子は父親っ子で、近所でも評判の仲良し親子でした。弟は母親っ子で、家族は二部屋に分かれて寝ていました。両親は結婚以来、父親の実家の問題で常に争いが絶えず、不和の状態が続いていました。筆者のもとを訪れた母親は戸惑いながら「父親が原因ではないか、考えたくないのだけど、B子と父親との関係に何かあったのではないか、父親とB子は同じ部屋で寝ている」と述べました。

来所したB子は「父親が棒で、痛い思いをさせる」と訴えました。「どのくらい前からなの」と質問すると、「三カ月前から」と答えました。当時のB子は極端に食欲が減退し、睡眠がとれない状態で精神的に不安定でした。母親は「気づくのが遅れてすまないことをした、B子の訴えを信じたくない気持ちが強かった」と肩を落としました。

筆者はB子の身の安全を確保する必要を感じて、精神科の入院をすすめました。B子はすぐに入院することになりました。母親は玄関の鍵を取り替え、父親が家に入るのを阻止しました。それでも入ろうとする父親に対して、母親は警察官を呼びました。母親は離婚訴訟にもちこんで、その後、離婚しました。

【事例3】 十五歳、C子の場合

家族は国立大学卒で大企業のエリートサラリーマンの父親と、大卒で技術職の母親と一歳下の弟の四人家族。父親は幼少期に実父を病気で亡くし、実母も青年期に病気で亡くしています。母親の一族はほとんどが公務員で、母親の姉妹も公務員をしていました。母親は体調が芳しくなく、寝たり起きたりの状態でした。家族は父親の会社の借り上げマンションに入居していました。

C子は心身の不調から登校ができなくなり、養護教諭の紹介で筆者のもとをたずねてきました。来所したC子は開口一番に「私の血をぜんぶ抜いてほしい」と述べ、さらに「父親が憎い、父親を殺したい」と訴えました。C子は父親っ子で、会社でもC子を自慢する父親は社内でも評判でだったそうです。父親の仕事机にはC子と父親との二人で撮った写真が飾られていたといいます。

その父親がC子の部屋のドアを激しくたたき、C子の部屋に侵入したのは、C子の母親が病気で治療を開始し、睡眠薬を飲み始めてからでした。当時、弟は塾に行っていて不在だったそうです。抵抗するC子の首をしめ、父親は「騒ぐと殺す」と脅したそうです。

C子は夜になると呼吸が困難になり、たびたび救急車で病院に担ぎこまれました。しかし、どの病院でも診察の結果に異常はなく、C子は帰宅させられました。当時の母親の体調は芳しくなく、一日ふせっている状態でした。そのような日常のなかでC子は拒食症になり、また多量の市販薬による自殺を図ったり、手首を切ったりしていました。

筆者らはC子の身の安全の確保の必要を感じて、母親に電話でC子の入院を勧めました。母親は体調が芳しくない状態のなかで筆者のもとを訪れて、父親の異常とも思える性行動を報告しました。母親は、自分が父親との性的な接触を拒否したかわりに、C子が犠牲になった可能性があるとふり返りました。そして母親は早晩、父親と別れて母子で生活することを考えており、福祉機関から情報を得ていると述べました。

しかしそのような折りに、父親の脳内に新生物が見つかり緊急に摘出施術が行なわれました。主治医は、父親の暴力行為は脳内の新生物による影響の可能性があると母親に語ったそうです。たしかに術後の父親は人が変わったように虚脱した状態になったようです。そして父親は復帰した会社からも配属転換となり、C家は引っ越さなくてはならなくなりました。

【事例4】　三十二歳、D子の場合

D子は母親になっていました。家族は自営業の父親と母親になったD子と父親の祖母と小四の娘の四人。都市近郊の住宅地の一戸建て住居を所有し、まずまずの生活を送っていました。D子は十代前半に実父から性虐待を受けていました。両親は離婚して、実母は精神病院に入院しました。身よりがなくなったD子と兄は児童福祉施設に入居しました。そしてD子の兄が施設から卒業した直後に、その施設内でD子は施設職員から性的な暴行を受けたのでした。

D子は施設を抜け出し当時働いていた兄をたずねてアパートに転がりこんだそうです。その後、母親は職業と転居を繰り返した後に、職場で知り合った現在の夫と同棲したようです。ほどなく妊娠し、娘を出産しました。出産を機に入籍し、現在の住居に移り、夫の実母と同居を開始したそうです。

夫はD子の過去を承知のうえで結婚しましたが、当時は夫婦関係がうまくいっていなかったようでした。夫は真面目な働きものでしたが、酒を飲むと人格が変わり、暴力をふるう癖があったようです。また賭けごとも好きで、生活費に手を出すこともあり、D子は食事代にも事欠くことがあったそうです。D子はそうした夫の様子がD子の実父と似ていることを最近になって気づいたと語りました。

D子の娘は学校を休み始めました。D子は担任（男性）の不適切な対応が原因で娘が不登校になったと理解しました。そして母親は学校に怒鳴りこみました。その担任からの紹介で相談室に訪れたD子は、硬い表情をしていました。そして筆者との面接は不本意であると述べました。

娘の家庭内の暴力が出たのは不登校になって一カ月経過してからでした。牛乳やケチャップやマヨネーズをカーペットにまき散らし、制止するD子にかみつき、D子の髪の毛を引き抜きました。娘の暴力は日増しに激しくなり、D子は不安定になっていきました。D子は逡巡しながらも、筆者の面接の再開を申請しました。

そうしたある日、母親はいつもの様子とは異なる服装で来所しました。母親はその日、過去のできごとを一気に話しました。かつて実父と施設の職員から性虐待を受けたことを話したのです。Ｄ子は娘も性虐待を経験するのではないかと不安だったと述べました。父親と実父が似ていることも心配で、また登校させないのは担任がレイプするのではないか心配だからであると、Ｄ子は述べました。母親は精神科の治療を開始していました。

【事例５】　十歳、Ｅ子と十三歳の姉の場合

家族は技術職の父親とパートの母親とＥ子・姉の四人家族。アパートに入居。父親が担任のすすめで筆者のもとに来所しました。Ｅ子は四年間の引きこもり、姉は六年間の引きこもりで、姉の進路について相談するようにと担任のはからいがありました。

父親の実母は父親の幼少時に死亡し、父親の姉は自殺し、妹は精神科に入院していました。また父親の兄嫁は家出し離婚していて、弟は独身で連絡がとれない状態であるとのことでした。母の源家族の情報はまったく得られていません。

父親によると、Ｅ子と姉は対人恐怖症があって他人とは話さないとのことでした。姉妹はともに小学校二年生から不登校で、その後は自宅に引きこもっている状態でした。父親によると母親も対人恐怖症があって、他人との対話はできない状態だそうです。母親は対話しなくてもすむ仕事をパートでしているということでした。父親は子育てと家事一切をしているとのことでした。

筆者らの働きかけから三カ月後にE子が来所しました。父親に連れられたE子は相談室でも話をしませんでした。E子は極度に痩せた状態で体全体も小さく、印象としては小学校一年生のような体格でした。姉は来所しませんでしたが、父親は、姉はE子に比べてふくよかで自分の好みの体型をしていると述べています。

家族は姉と父親、E子と母親の二つの部屋で分かれて寝ていました。母親はE子を出産した後に病気をして、夫婦生活が不可能になったとのことでした。E子の母親は結婚当初はふくよかでしたが、出産後に拒食症になって激痩せし、同時に精神科の治療を開始しました。母親は夜になると風呂場で大きな声をあげて泣き叫び、ガス栓を開けたり、包丁を振りかざしして騒ぐこともあったと父親は述べました。近所の通報で警察官がかけつけたこともあったそうです。

そのため父親はアパートの部屋のすべてを目張りして、戸外に声がもれないようにしていると述べました。筆者らはE子と姉の担任および養護教諭らと協議して、家庭内の性虐待の可能性を検討しました。その結果、姉の担任が進路について家庭訪問をして、性虐待の可能性を把握することになりました。

姉の担任は、姉が描いた漫画を持ちかえりました。担任が持ちかえった漫画は男性性器を暗示させる物体が多数描かれていました。学校は児童相談所に通告しました。児童相談所では、姉妹を福祉施設に保護する方向で検討を開始しました。しかし、父親が強く保護を拒否しました。その後まもなく、深夜に家族は転居してしまいました。

【事例６】　Ｆ子、三十七歳の場合

Ｆ子は小学校一年生の娘の母親です。下に五歳の長男がいます。会社に勤める父親と四人家族。アパートに入居していました。娘は学級内で暴力をふるい同級生を傷つけ、問題になりました。保護者の苦情から学校側は、Ｆ子の母親を呼び出しました。娘が学校内で暴力を振るい、他児に傷を負わせる事件は数回起きていました。今回は校長と教頭と担任はＦ子を呼びつけ、親としての責任を果たすように厳重注意をしました。

Ｆ子は、帰宅後に娘を殴りました。Ｆ子が校長らに叱られたのは娘のせいであると娘を激しく殴ったのです。娘の悲鳴を聞いた近所の住民が警察署に通報しました。警察官がパトカーでのりこみ、Ｆ子は警察署に連行されました。Ｆ子は土足で入室した警察官の行為にショックを受け、また近所の住民からも無言の重圧を受けるようになりました。

その事件後、Ｆ子は窓を締め切り、娘を家に閉じ込めました。娘が登校しなくなって三カ月経過した後に、担任のすすめでＦ子が筆者のもとを訪れました。Ｆ子は数回の面接の後にＦ子自身の性虐待の経験を話しました。

Ｆ子は自営業を営む父親と母親の長女として育ちました。Ｆ子が中学二年のときに父親が受験勉強をしていたＦ子の部屋にやってきました。Ｆ子は父親から暴力と性虐待を受けたのです。Ｆ子は何が起こったのか分からず、父親の行為の意味も理解できずに、帰宅した母親に父親とのできごとを話しました。母親は「嘘を言うな」と激怒し、F子を折檻して、絶対に口外するなと厳しく言いわたしました。F子はその後も父親から性虐待を受けましたが、母親はその度にF子をなじり、激しく折檻したそうです。

F子は中学の卒業をまたずに、お年玉を貯金していた銀行口座から全額を引き出し家出しました。遠方の知人を頼って住み込みで働かせてもらったそうです。高校も卒業していないF子ができる職業は限られていました。そのような職場で現在の夫とめぐりあい、娘を妊娠しました。二年後に長男を出産しました。

しかし、長男を妊娠したころから夫の暴力が激しくなりました。夫は日中に子どもの前で性行為をすることを止めることができなかったのです。F子が抵抗すると夫は骨折するほどにF子を殴りました。F子の鼻の骨はひびが治らず殴られるたびに多量の出血を繰り返していました。F子はたびたび救急車で病院に運ばれていました。

その段階になってF子は実家に連絡をしました。F子が家出してから十年以上が経過していました。しかしその電話でF子は、F子の家出後に妹が父親からの性虐待を受け、妹はその後に発病し、現在は精神科病院に入院していることを母親から知らされたのです。

【事例7】　G子、四十二歳の場合

G子には中二の娘が一人います。夫とは別居中ですが、夫は同じ会社に勤めています。G子は両親とG子の弟の三世代同居で両親所有のビルに住んでいました。一階と二階が事務所、三階がG子と娘、四階が弟一家が住んでいましたが、弟の嫁は子を連れて出ていったきり戻っていません。五階はG子の両親が住んでいます。

G子は娘の不登校で筆者の元に相談に来ていました。娘は中学の入学式の代表をつとめるくらいに成績が優秀でしたが、その後に体調を崩し、不登校の状態を続けていました。G子の娘の消息が不明であるので、G子から事情を聴いてほしいと担任から筆者は依頼されていました。

来所したG子は赤ら顔でそわそわ落ちつかない様子でした、G子は社長業についていて多忙であると述べました。アルコールの臭いがしましたが、そのとき飲酒をしていたかどうかは分かりません。G子は「娘はカーテンの裏に隠れていて行方不明になった」と意味不明のことを述べました。事実を確認する必要を感じて、筆者はG子の夫に手紙を書きました。

G子の夫が訪れました。G子の夫はG子と同じ会社に勤務していました。落ちついた紳士で娘のことを心配しているようでした。夫は「G子の家庭は異常だ」と声に力を入れて語りました。「G子との結婚は先代の社長からの依頼だった、結婚後にG子の父親が寝室に入り込む、娘が産まれた後も父親がいりびたり、そのうちに夫婦の関係は冷えきり、別居することが自然のなりゆきになった、G子の弟の嫁もそれで出て行った」とG子の夫は語りました。そして娘の所在を確認してみると述べ、夫は帰宅しました。

夫の来所からまもなくして、G子が突然に来所しました。G子の表情やしぐさが尋常でありませんでした。「父親を憎んでいる。殺してやりたい。それを知っていて放置した母親も憎んでいる。夫は父親のことをなじる。ケンカになり、夫はG子を殴る、それをみていた娘はいなくなった」とG子は早口にまくしたてました。その後、G子は急に呼吸を荒くして手足を硬直させてしまいました。筆者らは救急車を呼びました。

その翌日、夫が来所し、娘の状態を話しました。娘はカーテンの後ろに隠れて震えているのが発見されたといいます。夫はかつて幼い娘が妻の弟の子らとかくれんぼをしていたときに、よくカーテンの蔭に隠れていたことを思い出し、涙を流しました。弟の子らもいなくなり、父親も別居したあとにひとり残った娘は何を経験していたのでしょうか。その後に娘は児童精神科の専門病院に入院が決まりました。

【事例8】　H子、十三歳の場合

H子は小学校高学年のときに脳炎で意識不明に陥りました。三カ月後に意識は戻りましたが、重い障害が残りました。身体的には問題はありませんでしたが、知的なハンディキャップが残ったのです。家族はほかに二人の兄弟がいました。H子の父親と母親は自営業を営んでいました。両親はH子の障害を受容することができませんでした。両親は障害児学級への移籍を頑強に拒否しました。両親はH子が再び教室で同級生とともに勉強したり、ドッジボールをしたりする姿をみたいと熱望していたのです。

しかしH子は次第に学級で異質な存在となっていきました。それにともない、H子の兄弟が学校内でいじめの対象になりました。両親は筆者のもとを訪れました。そしてH子は養護学級へ移籍しました。

しかしH子が中学の養護学校に通いはじめたときに、両親は焦りだしました。養護学校に通う子らとH子の障害のレベルが異なっていると、両親は思ったからでした。特に父親は養護学校の教育のあり方に強い不満を感じました。父親は新しい療育プログラムをインターネットで検索し、それを養護学校で実施して欲しいと教員に申し出ました。

しかし、養護学校にはそのプログラムができる専門家がいませんでした。父親は激怒し、父親がH子に直接にその療育プログラムを実施すると宣言しました。父親はH子を養護学校には通学させずに、自らがH子の療育にあたったのです。

H子はその療育プログラムの実施を嫌がり、大きな声をあげることがありました。それゆえに父親は療育に使用する部屋に防音を施しました。窓ガラスを二重にして壁を厚くし、声がもれない部屋を作ったのです。父親による性虐待を発見したのは母親でした。H子と父親はその部屋で寝ていました。

【事例９】　I子、三十六歳の場合

I子には十二歳の娘がいます。娘は不登校で一年間登校していません。娘は家のなかで母親の

I子と一緒にケーキを作ったり漫画を描いて過ごしていました。I子は結婚一年で離婚し、現在は会社社長の愛人になっています。夫はまじめな働き者でしたが、酒が入ると人格が変わりました。それに経済的なゆとりがありませんでした。I子は貧乏が嫌いでした。

I子の妹の夫は不倫をしていて、離婚騒ぎが起きていました。妹には小五の娘がいました。その娘も不登校で学校に行っていませんでした。I子はその妹のことでずっと悩んできました。なぜなら、I子はずっと妹の母親がわりをしてきたからでした。

I子はかつて自殺企図をして精神病院の入退院を繰り返してきました。そして現在も、拒食症で食べたものをトイレで吐く習慣は続いていました。I子の両親は老人施設に入院している父親と、長期入院している母親がいます。I子の母親は、I子が小学校のころに妄想が出て、日常生活ができなくなり、入院することになりました。そのあとI子は家事をこなし、妹の面倒もみてきたのです。

I子が父親から性虐待を受けたのは中学校に入ってすぐでした。I子の家は母親が入院していたこともあり貧しく、風呂の脱衣場もない借家に住んでいました。I子は父親の行為の意味することを最初は分からなかったといいます。

I子の妹は高校を卒業と同時に別居しました。その二年後に母親が仮退院しました。そのころからI子の精神が不安定になり、自殺企図や自傷行為がでました。I子は精神病院の入退院を繰り返したのでした。そののちにI子は結婚しましたがすぐに離婚して、現在は会社社長の愛人となっています。

Ｉ子はいま思春期に達した娘が心配でなりません。同居している愛人が娘に手を出さないか不安で一時も娘から離れられず、睡眠もとれない状態に陥っていました。そして拒食症が進行して入院という事態にいたりました。女子は妹の家に預けられました。

【事例10】　Ｊ子、十五歳の場合

Ｊ子は中三です。小学校低学年までは活発で陽気な子でしたが、小学校高学年になると成績が下落し、友達とも交流しなくなりました。当時はＪ子の母親が深刻な病いでふせっていていたので、それでＪ子が変化したのだと担任らは認識していました。中三のはじめのころにＪ子が筆者のもとを訪れたのは担任からの紹介でした。

当時、Ｊ子は断続的な不登校をしていましたが、ほかに万引の癖があり、それも一晩に数カ所も盗みを繰り返して警察署に連行されたことが幾度かありました。しかし、警察署に連行されても翌日にはまた万引を繰り返すといったことが連続して起こっていました。そして今回は警察署が関係諸機関に写真を回し監視体制を敷いていたときに、再びＪ子は現行犯で補導されたのです。

父親は会社員でまじめな人物で、酒もタバコもせず、毎日定刻に出勤し定刻に帰宅する生活を送っていました。母親は専業主婦で硬い感じの人で重い障害があり、ふせっていました。母親はしつけと称して以前からJ子に言葉による暴力をふるう傾向がありました。兄が一人いますが、独居していてめったに帰宅しなかったそうです。

J子は父親っ子でずっと父親と寝ていました。母親とJ子は折りあいが悪く、J子は母親から愛された経験がないといいます。母親は兄が独立してから抑鬱を強めたそうです。母親はますますJ子を嫌い、無視するようになりました。J子が父親から性虐待を受けたのはそのころです。またそのころは最初の万引が発覚したころでもあったそうです。

J子はカッターナイフで手首を切り、傷をつける癖も持っていました。かぜ薬や頭痛薬を多量に飲み、自殺企図を繰りかえしてもいました。何度か病院で胃洗浄を受けたそうです。拒食傾向もあり、極度に痩せていました。利尿剤と下剤の多量服用に食べては吐くという行為も繰りかえしていたのです。

そうしたJ子が選んだ次の方法は「たちんぼ」でした。J子は学校を終えた後に繁華街にたち、声をかけてきた男と寝て金を受け取っていました。稼いだ金の大半はパチンコに使ったそうです。パチンコは唯一のJ子の楽しみになりました。次第にパチンコのためにJ子はたちんぼをして稼ぐようになりました。J子は外見からは中学生には見えませんでした。

しかしJ子の「たちんぼ」は父親の知るところとなりJ子は父親から激しい暴力を受けました。J子が筆者のもとを訪れたのは、父親からの殴打の跡がまだはっきりと残っているときでした。中学の担任の紹介で来所したJ子は疲れきった表情をしていました。人生に疲れ果てたという印象を筆者は受けました。そののちにＪ子は自殺企図から入院しました。

２　事例の振り返り

十事例は筆者が公立の相談機関や大学の相談室で受理した事例で、「児童の虐待の防止等に関する法律」の制定前にかかわった六事例を含んでいます。それぞれ女子の所属する学校関係者や筆者の所属する機関の同僚や、児童相談所をはじめとする関係諸機関の相談員、また病院や保健所の医師らとともにかかわっています。

再度、事例を振り返ってみましょう。Ａ事例は小学校五年生の事例です。Ａ子は「ベッドに父親が入ってきて眠れない」と述べています。Ａ子は父親の行為の意味することは分かっていませんでした。母親は父親の行為を否認して、Ａ子を責めていました。しかし相談室に訪れた父親は、Ａ子のベッドに入ったことを認め、二度としないと約束をしました。Ａ子はその後もおおむね順調にしています。

Ｂ子は「父親が棒をつっこみ痛い思いをさせる」と母親の前で言明しています。母親はショックを受けましたが、Ｂ子にわびて父親からＢ子を保護しました。母親は離婚調停を申請しました。しかし、再三の家裁の呼び出しにもかかわらず父親は来所せず、父親不在のままに調停は結審しています。母親はＢ子を守り通しましたが、Ｂ子は精神科に入院となっています。

Ｃ子の事例は、脳内の新生物が直接的の原因と思われた父親による性虐待の被害です。母親とＣ子は退院した父親の様子をみて父親を許そうとしていました。性虐待が生じる前の家族の状態が、その後の母親とC子の反応に影響を与えていると思えました。

D子の事例は、過去に母親が性虐待の犠牲者であることが分かりました。D子は性虐待を受けたおなじ年頃に娘が成長するにともない、D子の過去の経験を蘇らせていきました。そして娘も同様な経験をするのではないかと不安をつのらせて、不安から精神科受診となりました。D子は面接で過去の経験と直面するにしたがい、次第に現実との相違を考えることができるようになりました。現在、D子らは元気に生活しています。

E子の事例は、世代を越えて性虐待が繰りかえされてきたものと推定される最重度の事例です。おそらくはE子の父親の実家のみならず、母親の実家でも性虐待が発生していたものと思われます。しかし事実は確認されていません。E子らは他者との対話は禁じられていました。唯一の手がかりはE子の面接室での制作物と、姉が家で描いていた漫画でした。作品には男性の性器と思われる物体が登場しています。その後に家族は行き先を告げず、夜間に突然に引っ越してしまいました。

F子は小学生の母親です。F子は父親から性虐待を受けましたが、現在は夫によるドメスティック・バイオレンスの被害者でもあります。F子の妹はF子の家出後に父親の性虐待の被害者になりました。F子の母親はF子を罵倒して性虐待も否認しました。F子は父親と母親に激しい怒りを抱きつつ中学の卒業をまたずに家出しました。F子は感情をコントロールすることができずに娘に暴力をふるっていました。娘はその後も集団不適応の状況にあります。

G子は二十年以上もの間、実父から性虐待を受けていました。G子が筆者のもとを訪れたのはまだG子の実父の虐待が継続している段階でした。その実父は弟の嫁にも性虐待を行なっていたようでした。中二の娘はそれらを知っていた可能性があります。娘の状態は芳しくなく緊急の保護が必要でした。筆者らはG子の夫と連絡をとりました。その直後に来所したG子は精神疾患の急性期の症状を呈しました。娘と母親は入院しました。G子の娘に関して祖父からの性虐待の有無は不明です。

H子は小学校のときの脳炎による後遺症で重度の知的障害児となりました。両親はH子の障害の受容ができずに苦しんでいました。特に父親はその傾向が強かったといえます。父親は欧米の最新のトレーニング術を取り入れてH子の療育を試みました。その療育の先に父親による女子への性虐待があるとは誰も気づきませんでした。事件発覚後に、H子は施設に入れられ、両親は離婚しました。

離婚したI子には小六の娘がいました。I子は過去に父親から性虐待を受けていました。I子は自分が性虐待の被害を受けたおなじ歳頃に娘が成長するにともない、同居している継父が娘に性虐待をするのではないかと心配で、精神不安になっていました。I子は拒食症の症状が進行して娘の養育が不可能になりました。娘は妹に預けられました。妹の小五の娘も不登校をしていました。

十五歳のJ子は万引の癖がありました。J子は父親からの性虐待を数年間受けていました。J子の母親は寝たきりで、J子が父親の件を話すとJ子をたたき「お前が悪い」と非難しました。J子は母親のことばによる暴力を受け続けてきました。J子の万引は地元の警察署では有名でした。父親は警察署からJ子を引き取ると、帰宅してからJ子に暴力をふるいました。J子は「家出したいと思い、買春を行なった」とのちに述べています。

3　十事例のまとめ

以上のように父親から女子への性虐待の実際は十事例をみても内容はさまざまで、結果もさまざまです。このように一括できない複雑さが、父親による性虐待の特色であると筆者は考えています。しかし一般的にこの性虐待は近親姦・父娘姦・インセストと呼ばれ、家父長制度が背後にある「力の行使としての父親から娘への性虐待」であると認知されているといえるでしょう。

たしかに筆者の援助した事例のなかにも、B子・F子・J子の事例のように、上記の条件に該当する事例がないわけではありません。しかしこの性虐待の発生のすべてを「家父長制度の影響」「父親の強権力による性の搾取」と解釈するほど、父親による女子への性虐待は単純な様相を示しているわけではないのは分かっていただけるでしょう。

たとえばA事例・E事例・H事例から見えてくるのは逆に家のなかで所在をなくし、孤独で弱々しく、また病の床にある妻をいたわって家事にいそしむ父親の姿です。またF事例やG事例のように母親が社会的に上位に位置し、父親は入り婿で家庭内・職場内で屈折した思いをいだきながらの、生活を余儀なくされている弱い立場の父親もいます。またC事例のように父親自身が病気の場合や、H事例のように特殊な状況で発生する性虐待もあるのです。

よって現在のわが国の父親から女子への性虐待は、家父長制度の影響ないし強権力の象徴としての性虐待という括りに該当しない、さまざまな性虐待も登場してきているといえそうです。そうだとすると父親から女子への性虐待の対応は、根本的に見直さなくてはならない可能性があるでしょう。

なぜなら一般的に性虐待の対応は虐待した者から女子を隔離・保護することが正しい、あるいは有効とされているからです。たしかにその方法も必要でしょうが、その方法一つでは多様な性虐待へ対応しきれない可能性が示唆されるでしょう。たとえばA事例は、一家心中などより甚大な結末を迎える可能性と紙一重の状況であったといえるのです。そのような状況下では、援助が新たな虐待となる可能性もあるのではないでしょうか。

父親による女子への性虐待も時代の移り変わりのなかで、様相は変化してきているといえそうです。そうであるのならば、援助の方法も実態に即して変化を遂げるべきではないのでしょうか。そしてその前に、父親から女子への性虐待の現代の様相を十分に把握しておく必要があると筆者は思うのです。

4　現代の、父親から女子への性虐待の六類型から考える

つぎに十事例を「現代の父親による女子への性虐待の六類型」（表2-2）から考えてみましょう。六類型の特徴は、先述したように父親から性虐待を受けて十年から二十年経過して、現在は母親になっている過去女子の群を、性虐待を受けた現在女子（娘）の群と同等に表示した点にあります。前記の群はこれまで研究のなかに登場してこなかった、あるいは重要視されてこなかった群といえます。

表2－2　6類型と女子の生活の障害

1類	多世代の性虐待	E子	最重度の生活障害が見られる。
2類	A 世代内性虐待	G子・F子	最重度から重度の生活上の障害がある。
	B 母のみ	I子・D子	中度から軽度の生活上の障害がある。
3類	A 父親の病気障害	C子	親の病気により重度から軽度の障害がある。
	B 父母の不和葛藤	B子	最重度から中度の生活上の障害がある。
	C リベラル友達親子	J子・A子・H子	最重度から中度の生活上の障害がある。

前記の群は援助の緊急性においてたしかに後記の群に劣るものの、援助の必要性においては同等であるとみてよいと考えます。性虐待の傷が時間によって癒やされるものでなく、被害者が過去に受けた傷が被害者の子どもの不登校というかたちをとることもあり得るのです。ちょうど、D子・F子・G子・I子事例のようにです。

ちなみに両者の関係をみると、十組の全員が母娘関係です。そのうちのE子が母子ともに性の虐待を受けていると考えられます。姉妹が父親から性虐待を受けているのはF子です。D子は父親と他者からの性虐待も受けています。G子の義理の妹も性虐待の犠牲者です。I子とJ子・F子はその後に性産業についています。H子を除いた九人は投薬などの精神医療とかかわりがあり、十人全員は何らかの生活上の困難を抱えています。

I子・D子・G子・F子の四組の母親の娘は不登校の状態にあり、その女子のうちI子とG子の娘は医療的なケアを必要としています。特に十五年以上も父親から性虐待を受けていたG子の娘の状態は芳しくなく、母娘ともに精神科に入院という深刻な事態になり

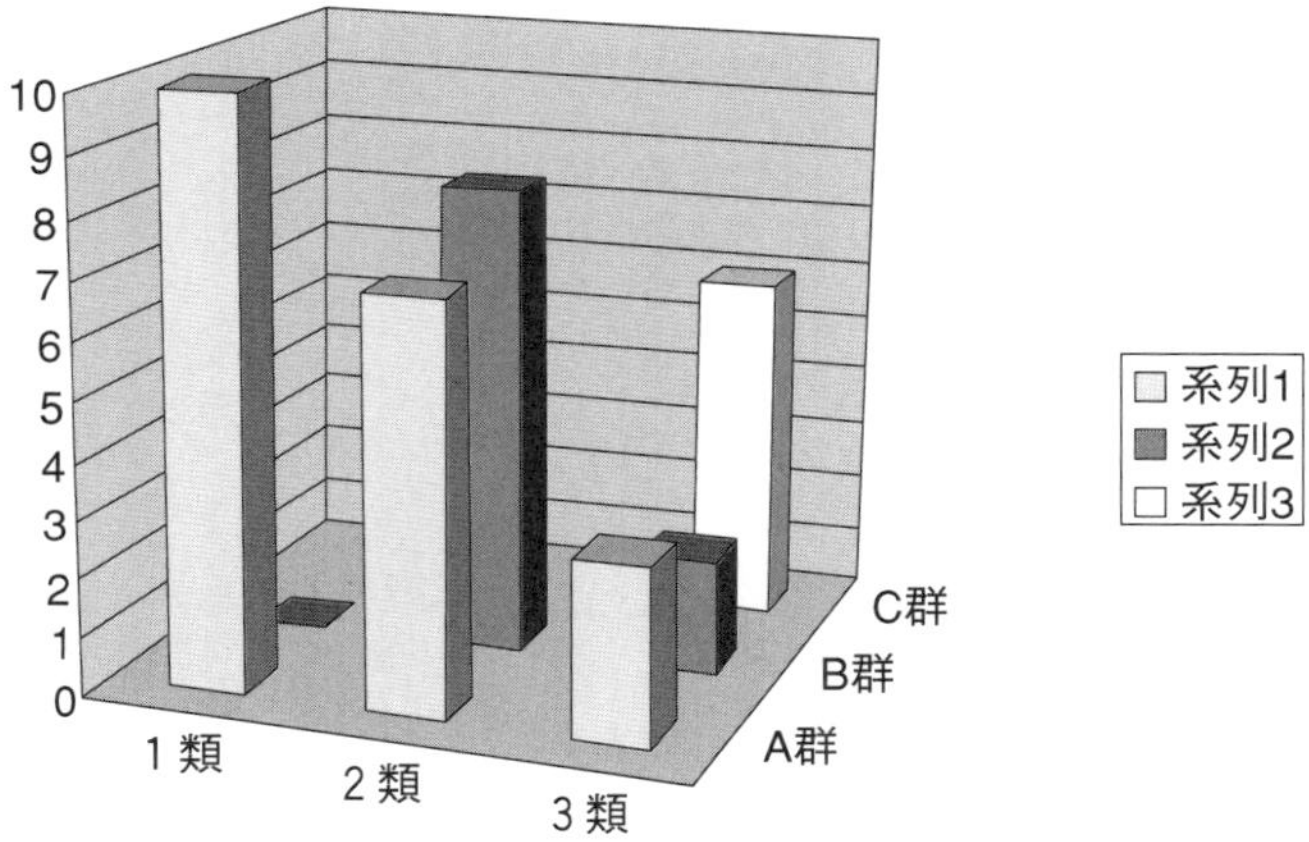

図2－6　36事件例の分析

ました。しかし一方、A子とD子の予後はおおむね順調です。障害をおったH子と転居先を告げずに引越したE子の予後はわかっていません。

図2-6にそって説明しましょう。1種の十人（二七・七％）の内訳は、A群十人（一〇〇％）。2類の十五人（四一・六％）の内訳は、A群七人（四六・六％）、B群八人（五三・三％）です。3類の十一人（三〇・五％）の内訳は、A群三人（二七・三％）、B群二人（一八・二％）、C群六人（五四・五％）です。

1類の多世代間の連鎖がみられる最重度の群に該当するのはE子です。2類のA群で多世代の連鎖はないのですが、世代の連鎖（姉妹）がみられる群はF子です。G子は義理の妹が性虐待にあっているようです。F子もG子も重度の後遺症がみられます。B群の母親が被害者で娘が被害を受けていない群はI子とD子です。3類のA群の父親の病気等による該当群はC子で、B群の両親の不和ないし葛藤の群に該当するのは

B子です。リベラルを志向し、友達親子の性虐待はA子とJ子で、どこにも該当しないがどちらかというとC群に該当するH子がいます。

ここで断っておきますが十事例は「父親による女子への性虐待」の代表となるサンプルではありません。十事例は各群の代表となる形をシンボライズしている実際例をもとに、社会的な属性の表記に修正をくわえ、対象が特定ができないようにモデル化した事例です。そうであっても、「父親による女子への性虐待」と一般的に思われている様態とは異なる、多様な現実を知る機会になるかと思います。

ラッセル（一九八六）の調査によれば、性的虐待により二三％が重度の心的外傷を、二五％は何らかの心的外傷を示し、まったく障害がなかった者は一八％であると報告しています。またファンケルフォー（一九八六）は子どもの性的虐待に関連する文献を総合的に検討した結果、成人の被害者は被害にあっていないグループよりも優位に高く鬱病、外傷後ストレス障害、対人関係における障害、自傷行為など他の心身の障害を示しているが、重度の心的外傷を示していた人は二〇％以下であったと報告しています。

ラッセルやファンケルフォーの研究を報告した北山らは、子どもの性虐待は長期の否定的影響をもたらすが、その心的外傷は必ずしも重度の精神疾患をもたらすとはいえない、と結んでいます。しかしその一方で北山はシルビアやハーマンの研究も報告していて、研究者や研究対象によりさまざまな結果が報告されている、とも報告しています。そして「これらの研究結果からでは、どの虐待の症状がもっとも深刻な心的外傷をもたらすかははっきりしないが、暴力をともなった実父などの身内による侵襲的で長期にわたる虐待が心的外傷の程度に関連していることが示唆される、と述べています。*

表2-2は父親から女子への性虐待の六類型と子どもの状態をラッセルの三分類にならって整理したものです。六類型と女子の生活の障害の程度はどのような関連があるのかを最重度・重度・中度・軽度の四分類で検討してみました。

5　まとめ

父親から女子への性虐待の六類型に十事例を当てはめ、女子の生活上の障害の程度をラッセルにならって整理してみました。表（表2-2）からわかったことは最重度の生活上の困難をきたしているのは、多世代から繰りかえされた父親から女子への性虐待の群、性虐待から一年以内の女子の群であるという点でした。しかしながら、たとえばG子の事例のように多世代からの性虐待でもなく、また思春期でもない中年女性G子とその娘は、精神病院に緊急入院するという生活上の危機を経験しています。その傾向はI事例にもみられます。それはいったいなぜでしょうか。

＊　ラッセルの調査研究は、北山の厚生労働省の研究の平成十五年三月の報告書二五〇頁に詳しくのっている。また、ラッセルの障害レベルに関して斎藤が自験例を分析する際に詳しく論じている。『父-娘　近親姦』の解説三三一-三四八頁に記入してある。本著では斎藤ほどの正確さをもって分析はしていない。筆者が参考にしたのは、DSM-Ⅳ（アメリカ精神病診断基準）であるが、斎藤らの報告も参考とした。

その一方で、多世代からの性虐待が疑われ、最重度の生活障害があるとされるE子の場合は、母親も姉も精神科に通院している状態ではあっても、緊急に入院保護が必要な状態とはいえません。社会から引きこもって生活していますが、生活ができないくらいに状態が悪いわけではありません。さらにF子の場合は、F子自身は過去に精神科の入院歴があるも現在は通院していませんし、またその娘も医療が必要な状態ではありません。

そこから見えてくることは類型や内容から一律に結果が決めつけられないということです。むしろそうした複雑さが性虐待の特徴であるとも言えます。

おそらくは北山らがハーマンの言葉をかりて述べているように、暴力の使用、虐待期間の長さ、身体的侵襲の深さ、被虐待児と加害者の関係などが予後の生活に深刻な影響を与えるものと考えられます。それに加えて、家族の当時の住環境や生活習慣など、さらには社会状況なども障害の程度に影響を与えていくのではないかと思われました。

第5節　考　察

ここでは第2章の考察を行ないます。考察は以下の三点です。①類型化の意義、②家族病理と「父親から女子への性虐待」、③「父親から女子への性虐待」と不登校です。

1　類型化の意義

筆者の類型は教育・福祉臨床の経験と先行経験から形成されました。筆者の臨床の現場は公立の子どもの相談機関で、その目的は早期発見と初期的な対応でした。重篤なケースは関連の医療機関に紹介するか、児童相談所を経て、福祉施設ないし教育機関に処遇していました。その意味において学校現場の教職員に近いかと思われます。

父親から女子への性虐待の類型はいくつかあります。たとえば先に紹介した板垣は成人の精神科病院の入院患者の経験の分析から類型を考えています。他にも津崎が、児童相談所の相談事例からの類型を作成しています。*津崎は父子世帯・父母がいる世帯・母に愛人がいる世帯の三分類から性虐待の家族特性を示しています。

また西澤はジョーンズの類型を紹介しています。ジョーンズによれば、父親から女子への性虐待は三つのグループに別れるそうです。一のタイプは外面的にはまったく正常にみえる家族で、性的虐待が暴力的な手段で行なわれることはほとんどなく、父親は自分の親としての権威によって子どもを従

---

* 津崎の家庭内性虐待の類型は『子どもの虐待——その実態と援助』に記されている。津崎は虐待のなかのネグレクトと性的虐待は身体的虐待と違った固有の状況があるとして構図を作図している。そして性的虐待の場合は家族に固有の特徴やパターンが見られることが多いとして、その特質を家族形態別に表にしている。著書の九八-九九頁に詳述してある。

順にならしめ、性的な関わりを持とうとするタイプだそうです。第二のタイプは、いわゆる多問題家族で、身体的虐待を生じる家族にみられるような家庭内暴力が特徴であるそうです。第三のタイプは単一状況型家族で、たとえば親が飲酒・薬物を使用している時にのみ虐待が生じる、と述べています。*

西澤は、性的虐待の類型化のこころみは最近始まったばかりであり、こうした類型化が性虐待のケースをうまく分類できるか、タイプに応じた治療プランを立案していく上で有用なものであるかどうかは今後の研究をまたねばならない、としています。

筆者の類型は作成から五年が経過しています。今回、本著を書くにあたって若干の修正を加えました。類型化の目的は、今まで一括して表現されがちだった父娘姦、インセスト、近親姦という父親から女子への性虐待の内実が実は多様であることを示すことにあります。さまざまな父親とさまざまな家族と女子がいて、それらの組み合わせと生活が織りなす綾のように重なったときに性虐待が発生するのだ、ということを伝えようと試みました。

たとえばE事例では、姉が父親から性虐待を受けている可能性が高いという情報が複数の関係者から寄せられました。E子の関係者は集まり、どのようにしたら姉を救い出し、E子にまで性虐待の被害が及ばないように防止するか、で話し合いました。母親や家族の歴史から考えれば、姉とE子を緊

＊　ジョーンズ（一九八二）は性虐待を生じる家族を三つのタイプに分類している。詳しくは西澤の『子どもの虐待』の第六章の「性虐待を生じる家族」一六一頁を参照して欲しい。

急に、そして同時に保護する必要があると考えたのです。あいにく防止法の制定前でしたので、施設保護は父親の強い拒否で実現できませんでした。しかし、少なくとも社会が性虐待は許さないというメッセージを父親に伝えることはできたと思います。

Ｅ子の処遇会議のときに筆者らが注意した点は、多世代の連鎖の可能性が考えられる性虐待は家族の病理性が高いので、世代内の連鎖の可能性も高いであろうということでした。そして性虐待にもさまざまな背景や状態があって、全体としての家族の状態や性虐待の内容の全体をみないと適切な対応はできないと考えました。類型化の試みがここから開始されたのです。

ここで注意したいことは類型化が、ただのレッテル貼りに陥る可能性がある点です。また「父親から女子への性虐待」といってもさまざまな現実があり、筆者が知らない現実もあるでしょう。類型を示し実際例を示すことは、読者に父親から女子への性虐待の現実に少しでも接近する機会を与えるでしょうが、反面、読者の知識や思考を拘束してしまうという面がないとは言いきれません。

とはいえ、多世代からの連鎖がみられる群、世代内に連鎖がみられる群、単発の群という、対象の違いを明確に示す類型表は、援助を計画する上で異なった視点を提供するにちがいないと筆者は期待しています。検討すべき課題を正確に捉え、異なったものは区別して扱うという姿勢は、援助を検討するときに必須であると筆者は考えます。

また過去に性虐待にあった女子の群と最近に性虐待にあった女子の群を並記することは、性虐待の多世代連鎖を考えるだけでなく、孫世代の未然防止を検討する際に有効であると筆者は考えています。「女子 - 母親 - 祖母」とつながっていることを明示することは援助を的確にするだけでなく、未然防止を検討する際に有効となります。

E子のような事例は希ではありません。「性虐待というものはそれについての知識を持たず、それが起こっているかも知れないと疑う気持ちで子どもをみないと簡単に見逃してしまう」と述べているのは、実際に父親から子どもへの性虐待を経験した母親の証言です。(4) E子の母親の深夜の叫び声は母親としての救助信号だったのかもしれません。

2 家族病理と「父親から女子への性虐待」

たしかに「父親から女子への性虐待」は理解と対応が複雑で困難です。しかしながらハーマンも指摘しているように、「父親から女子への性虐待」が生じる家族には独自の生活スタイルと独自の家族の心情が共通して観察されるようです。私物としての子ども感、女子の成長や独立を認めない生活スタイル、相互に依存した両親、両親の不和ないし母親の病気、両親以上に父親と女子が親密であるなどです。女子は小さな母親であったり妻であったりします。

家族病理としての「父親から女子への性虐待」を論じる研究者は枚挙の暇がないほど大勢いるといえるでしょう。* それは「父親による女子への性虐待」が家庭内で発生する事件であるからだけではないと思われます。性虐待が家父長制度やセクシュアリティの問題と関連し、そして社会病理からも影響を受けているからでしょう。

マイッシュは「これらの父親はあらゆる権力を乱用し、家族を外界から孤立させることによって家族内で支配権を確保しようとすることが多い。スウェーデンやアメリカ、フランスにおける調査でもこうした家長としての地位がくり返し指摘されている」と述べています。マイッシュは一九七二年にその指摘を行っていますが、今もマイッシュが指摘する家族の構造や関係性は観察することはできるでしょう。

ダロによると性虐待はあらゆる社会階層の家族に生じる問題です。また性虐待を生じる家族は身体的虐待などの他のタイプの虐待を生じる数にくらべて平均の年収が高く、家族の受けているストレスの度合いが低い」とする調査を報告しています。

先述した十事例の家族のほとんどはわが国の経済状況のなかでも比較的めぐまれた状況で生活していました。持ち家率も高く学歴等も高い傾向がありました。しかしダロのいうように生活のストレスが低いとは必ずしもいえませんでした。母親が不在や病気であったり両親間が不和であったり、また父親の職業から来るストレスは決して低いとはいえませんでした。

たとえばA子の事例を思い出してください。A子の父親は中間管理職についていました。母親は鬱病でふせっていましたが、父親は帰宅後に家事をこなし母親の介抱もしていました。また思春期の難

＊　西澤によるとジュリアンやバレットらの調査を紹介している。西澤の『子どもの虐待』一六〇頁を参照して欲しい。なお、わが国では一九八七年の発行の池田由子の『児童虐待――ゆがんだ親子関係』で既に家族病理と社会病理との関係で性虐待は論じられている。

しい時期にさしかかった子どもたちの進学の相談にも父親は応じています。けなげで一生懸命な父親です。女子への性虐待さえなければ褒められこそすれ、決して非難される父親ではありませんでした。その傾向はほかの事例の父親にもみることができます。

かつて女子に性虐待を行う父親は「アルコール等の依存症で無職で性格的、あるいは経済的な破綻者で……」というイメージがありました。わが国の初期の性虐待関係の書物のなかには女子に性虐待を行う父親をアルコール等の依存者で暴力・無教養・無職という表現が少なからずみられます。*

しかしながら、そうしたイメージに該当する事例は筆者の臨床には登場してきていません。若干、B子の父親の性格的な問題はみられますが、それでもB子の父親はアルコール依存症でも経済的な破綻者でもありませんでした。むろん筆者の臨床の場がそうした傾向をもつ家族が利用しにくい機関であるのかもしれませんが。

いうまでもなくマイッシュの指摘から三十年経過した現在、社会の状況は変化しそれにつれて家族も変化しています。変化は多様性を特徴としています。つまり「父親から女子への性虐待」はマイッ

＊　たとえば一九九四年子どもの虐待防止センターの『CAテキスト――性虐待を考える』はわが国の性虐待の対応のテキストとなったが、そのなかに「父親はヒモ」「父親が強姦した」「父親の競馬」「父親から殴られ蹴られ」などの表現がある。性虐待と父親の飲酒の関係は枚挙の暇がないほど初期の書物のなかには登場している。そうした傾向を裏付けるデータも欧米では公表されている。西澤の『子どもの虐待』「性虐待を生じる家族」一五九頁を参照して欲しい。

シュのいうように「近親姦＝家父長権の乱用」と一括りにできない複雑性を持ち始めているといえましょう。また「性虐待をする父親＝無職・無教養・暴力」と必ずしもいえない父親も登場しています。そこから考えられることは「父親から女子への性虐待＝家族の病理」と表現することになじまないケースの存在が示唆される点です。家族の病理と社会の病理が互いに深く関係しているからなのかもしれません。

3 「父親から女子への性虐待」と女子の不登校の関連

父親から性虐待を受けた多くの女子は家庭内で多くは小さな母親であったり、小さな妻であったりします。そうでない女子もいますが大半の女子は断続的な不登校から引きこもりの状態に到るようです。そして性虐待が発生し、あるいは女子は再び家族内で性虐待を経験することになります。女子の集団不適応が顕著に発現する時期は、家庭内の性虐待の発現の危機が高まる時期と重なることを筆者は経験から知っています。

マーチンは虐待を受けた子どもに見られる性格傾向を以下のように報告しています。マーチンによると、①生活を楽しむ能力の欠如、②落ち着きのなさ、③低い自己評価、④学校での学習上の問題、⑤引きこもり等です。マーチンの報告は米国の相当前の調査であり、性虐待に限っていません。それでも虐待を受けた子どもの行動傾向として上位に不登校などの学校での適応困難が報告されているのです。

安藤は「性虐待の被害者には家庭内の役割の喪失がある」と述べています。「性虐待によって受ける問題とは身体的・心理的屈辱感だけではなく、虐待された人が社会的な役割を喪失する可能性である」と記し「近親姦はアイデンティティー（自分が自分であること）を失う」と述べています。つまりは性虐待を受けた女子らは女子としての家庭内の位置だけでなく、同時に所属する学校や集団内でも自分の存在を喪失してしまう可能性があるのです。

わが国は不登校や引きこもりの子どもに寛容な社会を形成しています。不登校や引きこもりを良いこととして認め、奨励する大人がいないわけではありません。そうした社会的な対応が、家庭内の性虐待の温床となっている可能性がないとはいい切れない現実があります。逆にいえば、不登校や引きこもりの子どもに対する社会的に優勢な態度としての「登校刺激をひかえる」ことが、家庭内の性虐待を惹起させている可能性があるのです。

たとえばZ事例を思い出してください。担任はZ子の不登校の開始時点で教育センターの相談室を紹介しています。そして、母親はその相談室の相談員から「ゆっくり休ませてあげてください」といわれています。Z子が父親から性虐待を受けたのは、おそらくその後まもなくと思われます。さらにその後、担任は母親に児童相談センターを紹介しています。しかし児童相談センターも「ゆっくりと休養するように」とアドバイスするにとどまり、結果、性虐待が繰りかえされてしまったと思われます。後にZ子は買春容疑で警察署に補導され、その時点で妹も性虐待の被害の可能性がありました。

一色単に性虐待を括ってはいけないのと同じに、一色単に不登校や引きこもりに寛容という社会のあり方には注意が必要でしょう。そのような意味で学校教育の現場は女子の二つの側面、不登校と性虐待の問題に直接かかわることができる貴重な現場といえます。

4　まとめ

読者のなかに次の記事をみた方はいらっしゃるでしょうか。

「元養父に二〇〇〇万円の賠償命令、岡山市内の十代の女性が小学校時代に長期にわたり性的虐待を受け、精神的苦痛を与えられたとして、元養父にたいして慰謝料など二〇〇〇万の損害賠償をもとめていた訴訟の判決公判が二十六日に岡山地裁であり、塚本伊兵裁判長は「おぞましい行為であり女性の受けた苦痛は察して余りある。一生をかけても精神的苦痛を慰謝すべき」と女性側の主張を全面的にみとめ、元養父に全額の支払いを命じた」（『朝日新聞』岡山版、平成十二年九月二十八日、一部ひらがなに変換）。

読者はこの記事をどのように思われるでしょうか。約千人の不登校の援助の過程で相当数の性虐待事件の被害女子の面接を行なってきていえることは、性虐待は大半の女子の人生におおきな影響を与える甚大な人権侵害であるということです。苦痛は時間が経過したからといって軽減されるものではなく、むしろ時間の経過とともに生活に深刻な影響を与えていくのです。すべての性虐待の女子がそうだとはいいませんが、少なくとも筆者の面接した女子は性虐待によって人生計画の大幅な変更を強いられ、希望の断念を強いられていました。

このような悲劇を繰りかえさないためにも、直接に子どもと接する機会を有する学校教員への期待は、特に発見が困難とされる家庭内の性虐待に関して高まっているといえると思います。

第3章
兄から女子への性虐待

はじめに

「兄から女子への性虐待」は、現在のわが国においては、社会的な援助が必要な問題として位置づけられていません。子どもと接する立場にある関係者の多くは「兄から女子への性虐待」の存在は知っているでしょう。ですが、兄からの性虐待にあった女子に直接に接し、援助を経験している関係者はそう多くないのではないでしょうか。

なぜなら「兄から女子への性虐待」が援助の場に登場することがめったにないからです。他のケースとして持ち込まれている場合、性虐待が兄と女子との間に発生していると気づく関係者は少ないと思われます。また相談者は、兄が女子へ性虐待を行ったと援助者に言わないものです。女子は教室と家庭で不適応を起こしていて、親は困って相談に来ますが、親も事実を隠す場合がほとんどです。

よって援助者は女子の不適応の理由や原因がどうしても理解できないでしょう。

筆者自身も十年くらいまで兄から女子への性虐待の事件が身近な問題であると認識していませんでした。だから理由も原因も分からない女子のさまざまな不適応の症状は、女子の人格のなせるわざかと思っていました。つまり女子が原因で教室や家庭でトラブルが生じているのだ、と解釈していたのです。

その相談が持ち込まれたときの筆者の印象の第一は「聞きたくない」でした。あまりに非日常的すぎる「兄から女子への性虐待」の話は、筆者の持つタブー意識をおおいに刺激しました。あたかも「父親からの性虐待」の問題に最初に直面したときのような、いやむしろそれ以上に強い拒絶感をこの問題に対して感じたのです。

その事例はK事例として後述してあります。K事例は筆者にとって忘れられない事例です。K子はのちに精神科病院に入院しました。そののち両親は離婚し家族はばらばらになりました。K子の現在を残念ながら筆者は知りません。

話は変わりますが、少し前のことです。ある母親が相談室にかけ込んで来ました。「兄が妹と異常接近してしまった」と母親は述べました。母親は長男である兄（中二）が寝ている女子（小六）に触れてしまったと泣いて訴えた、と話しました。おりしも大学生数人がレイプ事件で逮捕されたニュースがテレビで報道されていたころです。

兄は自分も逮捕されテレビのニュースで放映されるのではないかと不安におびえ、眠れない状態になって母親に告白したのです。母親は一週間くらい逡巡したのちに筆者のもとを訪れました。兄妹は成績も優秀でスポーツも優れた快活な子どもたちでした。

両親はリベラルな価値観に基づいた生活を志向し、自由と平等をモットーにしていました。自宅は三ＬＤＫの高層マンションを所有し生活は裕福でした。両親の主義で中学に入学するまでは、子どもは家族一緒の部屋で就寝することになっていました。中学生になった兄は別室にベッドを買い与えてもらいました。しかし兄は中二になっても両親と一緒の部屋で寝ていました。

両親は本人がいやがることは強制しない主義で同室で就寝することを許可していました。和室の寝室には三枚の布団がひかれ、両親は両端に、子らはまんなかに寝る習慣が続いていました。母親は帰宅が深夜になる父親を待ってリビングにいることが多かったようです。事件はそのような状況で発生したといいます。

母親は相談にくるまで一週間も逡巡しました。逡巡しながら相談にきた母親は「きょうだいのこと」と相談申し込み用紙に記入しています。「兄から女子への性虐待」は被害を受けた女子だけでなく兄、そして親である両親にとっても大変な問題なのです。特に母親にとって性的な被害者として娘を、性的な加害者として息子を公の書面に記載することに大きな抵抗感があります。その気持ちは理解できると思います。

ところで「兄による女子への性虐待」は近親相姦・近親姦・兄妹姦などと昔は称されていましたが、現在では「兄による性的いたずら、いかがわしい行為、性的にもて遊ぶ、わいせつな行為、みだらな行為、性的いやがらせ、性的な乱暴」などと呼ばれる傾向にあり、深刻な問題とは捉えられていないふしがあります。深刻な問題と捉えられていないからこそ、そのような呼び方をされるのでしょう。メディアなどによる誤解や偏見も根強く、差別的な意味あいも残されているといえなくもありません。

「昔からよくあること」「それくらいのことで騒ぐのはおかしい」「互いに承知のうえで他人がとやかくいうことでない」と判断され、「兄から女子への性虐待」の相談を機関によっては問題としてとり扱うことを忌避する関係者も一部に存在します。そのような背景から「兄から女子への性虐待」は「父親から女子への性虐待」よりも、誤解や偏見にみちて差別的にとり扱われる傾向があると筆者は思います。

よってここで「兄による女子への性虐待」を検討することは意義あることだと筆者は考えています。「兄による女子への性虐待」も時代の変化で変容をとげています。偏見や差別を払拭するためにも一つの領域として「兄から女子への性虐待」を「性虐待の問題」として取りあげておく意義はあるでしょう。本論の進行は、①兄による女子への性虐待の実態と研究の概要、②五事例の現実、③兄から女子への性虐待の類型の試み、④考察と進みます。なおここでの「兄」は実兄のみを対象とします。義兄は含みません。

第1節「兄から女子への性虐待」の実態

1「兄から女子への性虐待」の実態

家庭内の性虐待の問題のなかで「兄から女子への性虐待」は「父親から女子への性虐待」という大きな木の蔭にかくれた小さな木でした。その証拠に「兄から女子への性虐待」に関する実態を把握することはなはだしく困難でした。調査・統計はないに等しく、文献はさまざまな検索を試みても入手が難しかったのです。

まず、筆者が突き当たった問題は、「兄から女子への性虐待」という項目で公式の統計がまったく採られていない点でした。「児童虐待」に関しては児童相談所長会が年次集計を発表していますが、そのなかには虐待者として「兄」は単独の項目であがっていません。公式統計において虐待者としての兄は暗数になっているのです。

「兄」を加害者として位置づけた統計は民間の研究者の調査結果のなかに発見できます。一つは北山らの「性的搾取及び性的虐待被害児童の実態把握及び対策に関する研究」で、兄は父親についで女子への性虐待を行っていると報告されています。*

もう一つが斎藤氏らの調査研究で兄による性虐待の実態を知ることができます。斎藤氏の調査で家庭内の性虐待の加害者として父親についで兄が登場しています。しかし斎藤氏の調査対象は精神科クリニックの外来者です。北山氏と斎藤氏の調査は大変に貴重な資料ですが、公式な統計ではなく、また調査内容の取り扱いは注意が必要でしょう。**

もう一つの困難は「兄から女子への性虐待」として文献がほとんどみあたらない点です。国立国会図書館の検索によれば一般書籍でも雑誌検索でも「兄から女子への性虐待」では該当する文献が一本もありませんでした。「兄娘姦」「同胞姦」でもみあたりません。また民間の書籍販売のネットでは上記の項目では成年指定のアダルト系の書籍が四冊ヒットした意外は該当がありませんでした。これらの経過は、「兄から女子への性虐待」は性虐待のなかで、もっとも研究がすすんでいない領域であることを示唆しています。

しかしながら、兄から性被害にあった女子の経過は周囲が考えるほど、楽観的ではありません。筆者の知る範囲でも、精神科に入院したり、性産業に就いたり、引きこもりの状態になった人がいます。もっとも、十数件という筆者の経験の量からいえることはそう多くはありませんので、すべての「兄から女子への性虐待」がそのような結末にたどりつくというつもりはありません。

---

* 北山らは児童売春・児童ポルノ法違反事件の被害者および保護者に対する調査を行った。調査の対象者は八二人の女刑務所の新入所者である。性虐待を受けた者が七割、その加害者の二割が実父・兄であった。ただし兄が占める割合は明記されていない。

** 斎藤の調査によると、児童期性的虐待を経験している被害女性は三十人で二四・四%だったと報告している。詳しくは『父-娘　近親姦』の三四〇頁を参照してほしい。

　また筆者が臨床心理士であり教育と福祉が中心の臨床の場にいたという特殊性もあるでしょう。筆者の援助の技術の未熟さゆえの結果かも知れません。そうであっても「兄から女子への性虐待」は「父親から女子への性虐待」と同様に、深甚な被害を与える可能性がある性虐待事件として、社会的な対応が検討されるべき対象であると筆者は思っているのです。

2　「兄から女子への性虐待」の研究の概要

「父親から女子への性虐待」という大きな木への注目が集まれば集まるほど、小さな木は見逃され、軽視されていったのではないでしょうか。筆者もそうでした。父親による性虐待に目を奪われ、兄から女子への性虐待が身近に存在しているという認識は十分ではなかったのです。とくに十年前はそうでした。

　わが国で最初に「兄から女子への性虐待」が紹介されたのは、おそらく山田らが一九八〇年にジャスティス著の『ブロークンタブー——親子相愛の家族病理』(2)を訳して出版したときではないでしょうか。その著書に「きょうだい‐姉妹間のインセストにおける契機」が記されています。時をほぼ同じにして佐藤がフォワードらの『近親相姦』(4)の訳書を出版しています。そのなかにも『きょうだいの近親相姦』が述べられています。

　和書で、『兄から女子への性虐待』の研究史上に特記すべきは『甦る魂——性暴力の後遺症を生き抜いて』(5)ではないでしょうか。著者の穂積純は兄からの性虐待を開示したわが国で最初の女性だと思われます。その穂積は五年後に『解き放たれる魂――子ども時代の呪縛からの解放』[6]を著して、性虐待の後遺症との壮絶な戦いを報告しています。読者のなかにも読まれた方は少なくないでしょう。

穂積が『甦る魂』を著すきっかけを作ったのは森田の『沈黙をやぶって』[7]でしょう。『沈黙をやぶって』はわが国の近親による性虐待の実際例が掲載されていますが、そのなかに兄・義兄からの性虐待が複数含まれています。

注目される邦訳本では、F・F・ロフタス他著、仲真紀子訳の『抑圧された記憶の神話――偽りの性的虐待の記憶をめぐって』[8]でしょう。そのなかに登場する兄から性虐待を受けた女性は「私は兄を心底信頼していた。夢を共有し、秘密を打ち明けもした。兄は母であり、父であり兄・姉・親友・夫・恋人・意志決定者・選択者・教師・そして牧師でした。私のすべてだったのです」（一部略）と記しています。信頼していた兄による虐待行為から女性が受けた心の傷の深さを推し量ることは難しくないにちがいありません。

ロフタスの訳本の出版の後、斎藤の『父-娘　近親姦』[3]が出版されました。斎藤は「児童期性的虐待の研究と治療に関する日本の現状」で自験例の家庭内性虐待の加害者の二四・四％は兄からの性虐待であると報告しています。父親が六二・六％なので家庭内の性虐待の四分の一が兄からの性虐待ということになります。

北山らは先の研究[1]で性暴力被害者の調査を行っています。それによると、加害者は同胞・義兄弟が十二人で、実父・継父の二四人の二分の一を示し、斎藤とほぼ同様な結果を得たと報告しています。

二つの報告は「兄から女子への性虐待」の現実を知る貴重な機会でしょう。

3　まとめ

おそらく多くの「兄から女子への性虐待」に関する資料や文献は、子どもの性暴力・性虐待・インセスト・性被害・近親相姦・近親姦という呼称のなかに埋没していたのでしょう。ちょうど穂積が「性暴力」と表現しているようにです。

先の母親が事件を隠したいと思った気持ちと、援助者が事件を知りたくないという気持と、そして日本の社会に内在する「兄から女子への性虐待」の問題を忌避したいという意識が、「兄から女子への性虐待」への社会的な取り組みに影響を与えたのではないかと筆者は思っています。その意味で今回あえて「兄から女子への性虐待」と明記して、「性虐待の問題」として他の虐待と同列に、同じテーブルのうえに載せることにしました。

第2節　事　例

本節では、筆者がかかわった五事例の経過を検討します。①中二Ｋ子の場合、②中一Ｌ子の場合、③中二Ｎ子の場合、④中三Ｍ子の場合、⑤四十一歳Ｏ子の場合、です。なお事例は対象を限定できないように属性などの修正が加えられていることをここに記しておきます。

【事例1】　中学二年、K子の場合

K子が中学の担任の紹介で筆者のもとを訪れた時、母親はホテルの清掃をパートで行っていました。都心にマンションラッシュがあった頃です。母親の職場はそのなかでもひときわ洒落たマンションでした。母親は二十歳の時にK子の兄を出産し、その五年後にK子を出産していました。当時その母親は四十歳前でしたが外見は二十代なかばにしかみえませんでした。

K子は既に大学病院の精神科に通院していました。精神科の医師は「妄想があり自傷他害のおそれがあるので入院をすすめる」と述べていました。しかし母親はK子が嘘を言っていると譲らず、登校を再開できるようにして欲しいと強く筆者に求めてきました。K子が登校ができなくなって三ヵ月が経過していました。

面接時、K子は粘土で家族と題して意味不明の物体を作りました。灰色の雲が屋根で水色の風が壁で、黒の土が床だと述べました。それらはバラバラに作られ、そして並列に並べられました。壁には窓もドアもなく屋根に該当する雲が不釣合いに大きく、床は一本の線で示されました。たしかにK子の状態はこの粘土制作をみるかぎり芳しくありませんでした。

来所した父親は早すぎた結婚に後悔していると述べました。結婚して十八年たちマンネリは限界にきていて、夫婦が顔をあわせると互いに不快になるといいます。近日は、可能なかぎり夫婦は別行動をとるようにしているということでした。父親はあまり帰宅していない様子でした。母親も仕事で外泊が多いようでした。

家は父親の社宅で六畳が二間続いて南側に二畳ほどのベランダ、北側に四畳半のキッチンがありトイレと風呂がついていました。そのアパートに住んで十八年が経過するといいます。キッチンに近い居間に両親、ベランダに近い六畳間にＫ子と十八歳の兄が寝ていました。母親は「狭くってやりきれない」と述べています。

兄が来所しました。スポーツマンで地元ではヒーローだと同伴した母親は自慢しました。兄は母親にとっての生きがいでした。Ｋ子も兄のことを慕っていました。兄妹はとても仲良しで兄の妹思いは近所で評判でした。母親は「問題は父親の競馬でサラ金に借金までしている。マイホーム購入のために貯めた貯金にまで手をつけた」と述べています。

「それで現在も生活はカツカツ、本当ならＫ子を入院させたいのだけれど資金がない」と母は入院しない理由を述べました。そばにいた兄はそうした母親を気づかい「大丈夫だから」と母親を労《ねぎら》いました。その面接にＫ子は出席しませんでした。

次の面接は母親のかわりに兄がＫ子を同伴しました。定刻よりも三十分遅刻して兄とともに訪れたＫ子は尋常な様子ではなく、手足がコントロール不能なほどに不安定に動いていました。ふわふわと浮いたように歩き、両手がはずれた人形のようにぶらぶらと揺さぶっていました。Ｋ子は面接室に兄と二人で入ることを強く拒否し、部屋の前で「いやあ」と大きな叫び声をあげ出口に向かってかけ出しました。

このK子の様子から、筆者らはK子は兄との関係に何らかのトラブルがあるのではないかと考えました。両親が不在という状態にあって六畳の部屋に十八歳の兄と十三歳の娘が二人で寝ている状態は、客観的にみて正常ではありません。二間しかないのであれば、勉強机や家具などで二つの布団は重なりあう状態であると想像されます。性的な関係が生じても不思議ではない年齢と環境にK子と兄は生活していました。

緊急に母親の来所を求めました。母親は前回とは異なり、とりみだした様子でした。「お兄さんとK子さんとの間になにかトラブルがあったと思うのが自然な状況と……」と筆者は話しだしました。母親はそのことばを制止し「兄と娘の関係は知っていた、でもどうしようもなかった」と述べ、さらに「家に帰るのが怖かった。それをみるのが怖かった。死んでしまいたかった。死に場所を探して夜通し歩いた」と話し号泣しました。その後まもなくしてK子は入院しました。そして両親は離婚しました。

【事例2】　中学一年、L子の場合

訪れた父親は不機嫌でした。L子は中学一年の二学期になってから一日も登校していませんでした。担任のすすめで筆者のもとを訪れた父親は、担任と学校を非難しました。L子の兄も登校しておらず二年半が経過していました。兄は非行の仲間との交流があり、他人のバイクを無免許運転で乗りまわし逮捕されたり、他人の自転車を改造して補導されたりしていました。兄は札付きのワルと評判でした。

家族は両親と兄とＬ子の四人。父親と母親の二人が自営業を営んでいました。店は一階にあり他に六畳の居間とキッチンとバストイレ、二階は六畳一間に押し入れがついていました。両親は下の階の居間に寝起きし、二階は兄とＬ子の勉強机とタンスがあり二枚の布団を敷いて兄とＬ子は寝ていました。

Ｌ子の様子がおかしくなったのは中学入学後しばらくしたころでした。両親には理由が分かりませんでしたが、Ｌ子は両親の仕事場にあったロープを首に巻きつけドアのフックに引っかけて自殺しようとしました。父親が気づきとめましたが、すでに顔が紫色に変色していたために救急車を呼びました。その様子は近所の同級生によって学校に知らされました。その直後に筆者のもとに学校から電話連絡が入っています。

退院したのちもＬ子はカッターナイフで手首を切り、食べたものをトイレで吐いてうめき声を両親に聞かせたりしていました。Ｌ子は少数であっても同級生の友達がいて携帯電話で通話をしていました。担任や生徒指導の教員らは心配して筆者のもとに相談にいくように再三父親を促し、そして父親はしぶしぶ来所したわけです。

筆者らは生活環境やＬ子の症状から性虐待の可能性を検討していました。しかし筆者らは家庭訪問ができる立場になかったために、教員らが家庭訪問をすることになりました。二人の教員は日中にＬ子の家に訪問しました。対応したのは父親で、その父親は固くドアを閉めきり「帰ってくれ」を繰りかえしました。教員らは家のなかに人の気配があったことを記録しています。そのようなおりに連続婦女暴行事件が発生しました。その数日後、現場に張り込んでいた警察官に現行犯で逮捕されたのが兄でした。兄は少年鑑別所に送致され、その後に一年間の拘留となりました。兄は累犯を重ねていたのでした。

L子は学級に戻り、表情もやや取り戻しつつありました。もともと賢い女子であったため長期の欠席も影響せず成績も回復しました。しかし一年のち、兄が帰宅してから再び不登校の状態になりました。そして夜間にL子の悲鳴が近所で確認されています。筆者らと教員は警察官による警邏の強化を要請しました。警邏中の警察官は幾度かL子の悲鳴を聞き、家庭の訪問も行いました。しかし防止法の施行まえでもあり警察署の介入には限界がありました。L子は精神科病院に入院することになりました。その後、兄は別件の刑法犯で検挙されています。

【事例3】　中学二年、N子の場合

N子の家族は一風変わっています。母親の叔母二人が未婚で家にいて年老いた両親とともに同居していました。N子の母親は父親と離婚して兄とN子を引き取り実家に戻っていました。実家にはすでに五人いたので合計すると七人が居住することになりました。実家は六畳二間と台所と風呂とトイレの一軒家でした。七人分の家具は家の中には収まらず、軒下や庭に冷蔵庫を置くなどしていました。

両親には慢性疾患があったため一部屋を二人で独占していました。残りの五人が六畳一間に寝ていました。しかし、どうしてもN子の母親の寝る場がなく、したがって母親は夜の仕事に就いていました。N子の母親の稼ぎがこの家のすべての収入でした。

N子に奇妙な行動にでたのは中学二年生になってからでした。授業中に汗をかきながら下半身をゆすり視線を泳がせて、教員への応答もままならない状態になりました。もともとおとなしい目だたない子でしたが、急激な変化に教員は戸惑いました。

N子は学校を休みがちになり、心配した教員は家庭訪問をしました。母親は不在で、叔母二人が対応しました。N子は部屋の隅で爪を嚙みながら額に多量の汗を浮かべていました。N子の様子をみて教員は、筆者のもとで相談するように叔母たちに頼みました。叔母たちは筆者のもとに来所しました。

N子は夜間に兄の布団から抜けだして長時間トイレから出てこない、しかも頻繁にトイレに行くと叔母たちは証言しました。筆者はN子と兄が同じ布団で寝ていることに注目しました。そして夜間に何度もトイレに行くこと、座布団がぐっしょりするほどのお漏らしがあること、N子が眠れないと訴えていることに注目しました。兄からの性的な接触が疑われたのです。もし仮に性的な接触がないとしても同じ布団に十七歳の男子と十三歳の女子が寝ているのは不自然でした。

来所した母親は硬い表情をしていました。母親は生活に追いまくられる日々で、子どもたちが成長して難しい時期を迎えていたことに気づくゆとりもなかった、配慮にかけていたと反省しました。母親はその日から就寝形態を変更しました。翌日からN子は登校するようになりました。その後もN子は元気にしています。

【事例4】　中三、M子の場合

M子の家族は高学歴志向の強い家系でした。五歳年上の兄は父親と同じ国立大学に通っていました。父親はエリートサラリーマンで郊外に大きな屋敷をかまえ、生活は裕福でした。家族は専業主婦の母親の四人でしたが、当時兄は大学のそばにアパートを借りて別居しており、週末にしか帰宅しませんでした。

M子は兄と仲良しでした。M子の様子がおかしくなったのは中学二年の終わりからです。出会い系サイトで知りあった複数の男と付き合っている様で、生活が大幅に乱れていました。学校は休みがちになり、同級生の友達とも疎遠になっていました。M子は携帯電話にとりつかれたようになり、一時も電話機が離せなくなりました。夜通しメールを打っている様子も母親によって観察されています。しかも着信のあとに深夜であってもたびたび外出することもありました。

筆者とM子と母親のかかわりはそのような状態で開始されました。当時、M子は睡眠薬と精神安定剤を服用していました。深夜に外出して徘徊し朦朧としているところを警邏中の警官に保護されるという事件が起きた後でした。

母親は「これまでは賢い真面目な子で良い子だった。M子は同性であったこともあり特別に気にすることもなく育った。存在感の薄い子だった」と話しています。一方のM子は「母親はむかつく」と同席していた母親を退出させ、「兄を殺しても殺しきれない。母親を殺しても殺しきれない。自分を傷つけても、どんなに傷つけてもまだ足らない」と語り、ブラウスをめくり腕の傷を筆者に見せました。腕には無数の切傷痕があり、痕跡の色から相当前から切傷していることが分かりました。

その事件が起こったのはM子が中学二年の初夏でした。期末受験でM子は二階自室で勉強していた時、気分転換に大学受験で勉強していた兄の部屋に行き、たわいのない対話をしていました。M子は兄を一番に慕い兄を一番の親友だと思っていたのです。しかしその日はいつもと違いました。なんとなく妙な気分になって互いの性器に触れました。

その時に母親が部屋のドアを開けました。二人をみた母親は「あんたら何をしているの」と大きな声で怒鳴りました。M子と兄はとびのきました。

事件はそれだけでしたが、M子と兄の間に気まずい感情が残りました。気まずい感情は母親とM子との間により強く発生していました。大学に進学した兄はアパートを借りて一人住まいを始め、めったに帰宅しませんでしたが、夏休みや正月など数日間は在宅しました。そのたびにM子は体の調子が悪くなりました。吐きけやめまいで呼吸が苦しくなりました。兄の存在よりも母親の圧力が苦しかったのです。神経症状からM子はそののち日常生活が不能になって入院となりました。

【事例5】　四十一歳、O子の場合

O子は四十一歳の専業主婦。O子の息子（兄）は高校一年、娘は中学二年、夫は企業の管理職で裕福な生活でした。兄と娘のふたりは私立の有名学校に所属していました。夫は一流大学卒でエリートコースにいました。O子自身も大学の英文科を卒業しています。

O子が夫と夫の妹とが同じ布団で寝ているのを目撃したのは十五年ほど前でした。O子が結婚してまもなくの頃に、離婚したばかりの夫の妹が訪ねてきました。O子の子どもはまだ幼く手がかかる頃でした。ある日の深夜、O子は夫の布団が空になっているのに気づきました。O子は客室に夫と夫の妹が一つの布団で寝ていたのを発見したのです。

O子はまんじりともせず朝を迎えました。朝まで夫は寝室に戻ってきませんでした。翌朝、O子は夫を問いつめました。夫は「妹と同じ布団で寝ることは幼いころから習慣だった、妹と一緒に寝ると安心する」と述べました。O子は頭が真っ白になり夫を責めました。夫は憮然としたまま食事もとらずに出勤しました。その後、夫はO子に触れることはありませんでした。

筆者とO子とのかかわりは娘の不登校の相談から始まりました。それまで娘は良い子で何一つ母親を困らせることはありませんでした。しかし娘は中学入学してから良くない友達との交友を持つようになりました。テレクラでアルバイトを始め、集団万引きをして警察に補導されました。娘は私立の中学から退学を勧告されました。O子は「お金が欲しいのなら十分にあげる、物が欲しいのなら買ってあげると、娘に話しているのになぜに私を困らせるのか」と泣きました。そうした母親を支え労《ねぎら》ってくれるのは唯一O子の息子（娘の兄）だけでした。である娘の兄でした。兄は母親とともに娘を警察署に迎えにいき、万引きしたコンビニにO子と一緒に謝りに行ってくれました。兄はO子の間に入って女子との仲介をしました。兄は娘に良くない友達と別れるようにと深夜まで説得してくれました。

筆者はO子に切りだしました。「その状態は気がかりではありませんか」。O子は最初、首をひねっていましたが、ハッと気づいたようにのけぞりました。「兄と娘との関係は夫と妹との関係に似ている」。O子はうなり声をあげておし黙りました。

O子の夫の家庭は両親が不和でケンカが絶えませんでした。暗く緊張した家族関係のなかで長男である夫は実母の世話を焼きながら妹の世話をしていました。妹はO子の夫である兄を慕い性的な関係まで発展しました。それとそっくりな家族関係が再現されていたのです。

［まとめ］

本節の事例は筆者がかかわった「兄から女子への性の虐待」です。十年以上も前にかかわった事例もありますし、数年前にかかわった事例もあります。教育関係機関・福祉関係機関・大学付属の学生相談室で受けつけました。受理当初の主訴で不登校は四件、当初から性虐待は一件でした。兄の所属は中学生が二人で高校生が二人で不明が一人でした。虐待防止法の施行まえにかかわった事例が四件あります。

「兄から女子への性の虐待」の虐待発生時の共通項はあるのでしょうか。兄から女子への性虐待の発生時と発生後の女子・兄・家族の変化をみていきます。

A　虐待発生時の状況

a　女子の状況

性虐待が発生した時の女子の所属は、中一が一件、中二が二件、中三が一件、不明が一件でした。全員が自宅で被害を受けていて、自宅内の場所では自室兼寝室が四件、兄の部屋が一件でした。被害にあった女子が家族のなかでどのような存在であったか調べてみると、「影の薄い子」はK子・N子・M子・O子の四件で「良い子」はL子ひとりでした。女子は特に母親との関係において影が薄かったようです。

女子と兄との関係では「あこがれのお兄ちゃん子」がL子、N子を除いて全員でした。L子は幼い頃から兄妹の関係が悪かったようです。N子は悪くはないが良くもなかったようです。女子の性格傾向で活動的はL子でしたが、どちらかというとK子・N子・M子・O子の四人は内向的な性格で、またN子とM子はスポーツが不得意だったようです。

b　兄の状況

虐待事件の発生時の兄の所属は中学生が二人で高校生が二人で不明が一人でした。家族のなかの存在で兄を調べると「希望の星」がK男・N男・M男・O男で、L男のみが「家族の問題児」

だったようです。つまり良くも悪くも両親の関心と注意をひいていたのは兄だったと思われました。

兄の特徴は、成績が優秀はM男・O男、スポーツが優秀はK男・L男、真面目で勤勉N男でした。特にK男とO男は地元ではヒーローだったようです。異性との関係で結婚しているのはO男で、交際している異性がいる兄はいません。とくにL男は婦女暴行を行い異性との適切な関係距離をとることが困難だったようです。兄と母親との関係でみると密着型はK男・M男で母親と疎遠型はL男・N男で不明がO男でした。母親と密着か疎遠かで兄の特徴はふたつに別れ、異性の親との適度な距離をとることとの問題が示唆されました。

c　家族の状況

家族の形態は核家族四世帯で、三世代同居の家族は一世帯でした。住居は都市および都市近郊にあるは四世帯で一世帯は農村に住居がありました。両親の結婚年齢をみると若年結婚をしたのはK男・N男で十代で結婚しています。通常の範囲はL男・M男・O男でした。父親の職業はサラリーマンが二件、自営業が二件、離婚していて不明が一件でした。

母親の職業は専業主婦が一件、四件は常勤一件・パート一件・自営手伝い二件でした。

両親関係は明確な不和は四件（K子・L子・N子・O子）でそのうち一件（N子）は離婚していました。M子は良好とはいえませんが明確に不和ともいえませんでした。同胞数は兄妹二人が四件でM子だけ歳の離れた弟がいました。

経済状態ではM子とO子が良好で、K子・L子・N子が良好とはいえなく住居環境にも問題がありました。とくにN子は住居スペースが劣悪だったのではないでしょうか。父親の性癖に関しては、K子の父親はギャンブルが趣味で競馬に熱中し、そのことが家族の生活に影響を与えていました。L子の父親は無趣味一徹、ほかは問題となる趣味や嗜好は見られませんでした。

母親の疾患でみるとL子の母親はノイローゼで治療を受け、O子の母親は鬱病で治療を受けていました。他は特に問題はありませんでした。母親の仕事はK子の母親がマンションの深夜の清掃のパートで、N子の母親がホステスで深夜から早朝にかけて不在でした。それ以外は特記することはありませんでした。

K子の父親はサラ金に多額の借金をしており、L子の父親は過酷な仕事上のノルマを課せられていたのはL子の父親でした。他の父親について特記することはありませんでした。

B　虐待発生後の状況

a　女子の変化

兄による性虐待の発生後に精神科受診をしているのはK子・L子・M子・O子で、特にK子とL子は入院治療をしています。N子は受診歴はありません。虐待の発生後の社会的な不適応状況をみてみると、K子・L子・N子・M子・O子の全員が不登校がみられました。ただしN子だけが短期（三カ月）で復学しましたが、他は長期欠席ないし院内学級などへ転籍ないし転校、退学しています。

自殺や自傷行為の有無では、K子・L子・M子・O子に自殺企図がみられました。特にK子、L子、M子は重度の精神症状を示しています。ただしN子は頻尿・お漏らしや爪かみが見られ、やや情緒が不安定な時期がありました。

性虐待後、女子の人生はどの程度に変化があったかを調べると、大幅な人生設計の変更があったとして離婚（O子）引きこもり（M子）入院（K子・L子）が見られます。現状に影響が見られなかったのはN子でした。職業をみると無業がK子・L子・M子・O子で高校生になったのはN子のみでした。

b　兄の変化

女子に性虐待をした兄について検討をします。健康についてはL男が薬物依存になった以外は兄の健康について特にエピソードになることはありません。虐待の事件後の兄の進路は高校卒業後に就職したのはK男・N男、大学卒業後に就職したのはM男とO男、犯罪で服役しているのはL男でした。L男を除いて兄の人生が大きく変更されたというエピソードはないようです。就職先をみると銀行員になった者が二人、一流企業研究職になった者が一人で、会社社長になった者も一人います。

次に兄の異性関係をみます。結婚ないし同棲しているの結婚一人、同棲一人、不明が三人でした。事件後の兄の住居についてまとめると、兄が単身別居はK男・N男・M男で兄が結婚後に別居したのはO男、L男は服役中でした。

c　家族の変化

虐待発生後の家族の変化をまとめました。婚姻関係の変化が見られたのは離婚でK家で、N家はもともと離婚していました。他の家族は変化ありませんでした。母親の変化としてL子の母親の抑鬱が重症化した点と、K子とM子の母親が精神科受診を開始した点で、N子の母親には変化はなく、O子の母親に関しては不明でした。父親の変化ではL子の父親は転職し、K子・M子の父親には変化はなく、N子と・O子の父親に関しては不明でした。O子は実子（息子と娘の間）にも同じ性虐待のパターンが発生する可能性が示唆されました。

d　まとめ

以上をまとめると兄と女子の二者の関係性で三つの群の存在が示唆されます。一は多世代から続く兄妹の親密な関係が観察される群です。たとえばO子の場合です。もう一つが多世代の連鎖はないが兄妹間に非常に親密な関係が観察される群で、たとえばK子とM子の場合です。もう一つが兄と妹が不仲ないし普通の関係のなかに発生する群で、たとえばL子とN子の場合です。そうしたなかにも環境要因に強く影響された群がさらに分けられるのではないかと思われました。

第3節　「兄から女子への性虐待」の類型

以上の検討と知見から作成したのが下記の類型です（表3-1）。

表３-１　兄から女子への性の虐待の類型

１類	多世代にわたる性虐待	兄と女子の関係が非常に親密ななかで発生する家族性の「兄から女子への性虐待」である。貧困と重なる場合がなくはないがそれは必ずしも絶対条件ではない。発達を無視したあるいは発達に気づかない，あるいは気づいても家族のあり方を変更しない親のもとで生活する兄と女子に起きやすい。O子の事例が該当する。
２類	兄の特質と環境要因	A群　居住環境と兄の特性による「兄から女子への性虐待」を指す。兄との間はどちらかというと不仲である。貧困と親の多忙によって親からの保護や監護が十分でない環境で発生する。兄は妹を性欲の対象とみなす。L子の事例が該当する。
		B群　兄と女子は特別に不仲ではない。兄にも特別な性癖が在るわけでもない。生活環境と日常習慣居住空間が大きな虐待発生の要因である。貧困により親は子への監護のゆとりがない場合がある。N子の事例が該当する。
３類	兄妹の関係性による	A群　兄と女子は恋人関係に近い。女子は兄を家族のなかで一番に慕い尊敬している。その背景に両親の不和がある。両親関係が壊れていてそのために親の不在が子の生活の安全の確保を脅かす。日常生活と環境の要因が強い。K子の事例が該当。
		B群　兄と女子は仲良しであるが恋人のようにまではなっていない。両親関係も悪くはないが母親と娘の関係は良くない。はっきりとした理由もなく発生する現代型の兄妹間の性虐待である。M子の事例が該当。

表3-1を説明すると、1類は多世代からの兄による女子への性虐待がくり返されてきた群で、O子が該当します。貧困とかさなる場合も考えられますが、それが絶対条件ではないようです。むしろ独自の家族システムや家族病理に影響されて発現していると考えられます。

つぎの2類は兄と女子の関係が不仲ないし普通の群で、A群は兄の特性に特長づけられるも住環境と生活習慣の要因が重なった群でL子が該当します。1類よりも貧困との関係が強く、経済的に逼迫し、仕事に追われているために親が女子の保護や監護のゆとりをなくした生活をしていることが特徴のようです。B群は環境要因のみが特徴つけられる群でN子が該当します。

3類は恋人兄妹の関係を特徴とする群で、そのなかのA群は兄妹の関係にプラスして環境との要因が観察されます。狭い居住空間や親の配慮の欠けた生活習慣などが性虐待の背景と考えられる群です。K子が該当します。

3類のB群は兄妹の関係のみが発生要因と考えられる群で、M子が該当します。しかしM子は兄と恋人のような関係にはなっていません。むしろハッキリとした理由もなく、なんとなく兄からの性虐待が発生したという表現が妥当だと思います。筆者はこの型が現代的な「兄からの性虐待」ではないかと注目しています。

類型に関して『近親相姦』の著者スーザン・フォワードは兄妹姦には二つの普遍的な筋書きがあるといいます。一が兄妹との年齢差が接近していて、兄が思春期をむかえていて妹を性の実験に用いる場合、もう一点が兄が妹よりもかなり年長で性的に動機つけられた心理的理由からしばしば暴力を用いて虐待する場合である、と述べています。*

フォワードの捉え方は三十年以上前の北米の社会の状況を反映しているといえましょう。「父親から女子への性虐待」を理解するときの延長線上に「兄から女子への性虐待」を捉えているといえるでしょうか。確かにL子の事例はフォワードの指摘に該当する部分はあるといえましょう。L子は兄の性の実験に用いられたという側面はあるかも知れません。しかしK子の場合は五歳の年齢差がありましたが、決して兄は暴力を用いてK子に性虐待をしてはいません。それはM子も同様です。K子とM子の兄の目的は性行為ではなく親密な関係であっただけなのではないでしょうか。

フォワードの指摘する兄が妹を性的に利用するとした側面をまったく否定することはできませんが、その側面だけでわが国の「兄から女子への性虐待」のすべてを理解することはできないと筆者は思います。類型からみえてくる「兄から女子への性虐待」は、家族の環境的・経済的な側面と生活習慣の側面と、そして両親からの十分な配慮や監護からもれた兄妹の関係性と、おそらくそれに影響を与えているであろう家族関係の側面がクローズアップされます。それでは次節でそれらの点を考察してみましょう。

＊　スーザン・フォワードらは『近親相姦』のなかで「通例きょうだい同士はセックスについて実験したがるもので……」と兄から女子への性虐待に触れている。一一九－一三七頁を参照。この「兄から女子への性虐待」の捉え方はのちにフェミニズム運動の影響を受けることになる。

第4節　考　察

考察は以下の三点で行います。①住環境と「兄から女子への性虐待」、②家族の関係距離と「兄から女子への性虐待」、③力の行使・性の自己決定と「兄から女子への性虐待」です。

1　住環境と「兄から女子への性虐待」

「兄から女子への性虐待」の発生は住環境と経済的要因に関係があるという点に筆者は長いあいだ注目していました。K家は六畳二間とキッチンとバスとトイレ付きの社宅に入居していました。K子はスポーツ選手で体格の良い兄と同じ部屋で寝ていたのです。しかも両親は外泊が多く、兄妹だけで夜を過ごすことが多かったようです。

筆者の次の経験であるN子の事例にいたっては、六畳二間に七人が寝起きするという異常な住環境が観察されました。六畳一間に五人が寝ることを異常とも思わない家族はやはりどこかおかしいのではないでしょうか。同じ布団に思春期にある兄妹が寝ることは自然ではありません。

さらにL子の場合は、二階の六畳間が兄とL子の居室兼寝室になっていました。両親の監視が行き届かない環境のなかでL子への兄による性虐待は発生したと思われました。

K子とL子の性虐待の背景には、居住スペースの問題があると筆者は判断しました。

しかし一方で、M子やO子の事例に接するうちに、居住スペースが「兄から女子への性虐待」の発生の絶対条件ではないという現実にもぶつかりました。M子やO子の家は裕福で部屋数も多く、住環境が直接の原因で性虐待が発生したとは考えにくかったのです。そして十数例の臨床体験を積んでいくうちに、住環境よりも重要なファクターは兄と女子の関係性ではないかと気づきました。関係性は非常に親密か、逆に不仲かの両極にあり、それを規定するのは兄妹の性格傾向や両親関係を含む家族の関係性ではないかと考えるに到ったのでした。

北山氏らは児童売春・児童ポルノの被害児童の実態調査で個室の有無を調べています。その調査によると、被害児童の七割以上（七二・四%）が自分だけの部屋を持っていて、一般群の有割率（六一・二%）よりも高いという結果を得たと報告しています。* つまり児童売春・児童ポルノの被害児童は一般よりも個室率が高く、住環境としては恵まれた生活をしていたことになります。

その調査から示唆されることは、子どもの居住空間は広ければ広いほど良いというわけではなく、狭ければ必ず問題が発生するというわけではない、という点です。つまり居住スペースや住環境は「兄から女子への性虐待」の発生の一つの条件に過ぎないと考えれるのです。むしろ住居環境と同等かそれ以上のファクターとして「兄と女子」の二者関係の方が重要なファクターであるといえるので

＊　個室の有無に関して「児童売春・児童ポルノ禁止法における被害児童の実態」に関する調査研究において加害者の個室の有無を調べている。二六八―二八五頁参照。厚生労働科学研究「性的搾取及び性的虐待被害児童の実態把握及び対策に関する研究」平成十四年度研究報告書　主任研究員北山秋雄の報告のなかにある。

す。そして二者関係に影響を与えているであろう家族関係がさらに重要な要素であると示唆されました。次に兄と女子の家族関係を検討することにします。

2　生活習慣と「兄から女子への性虐待」

兄から女子への性虐待は専門家によっては性虐待とみなしません。その理由は加害者である兄が力関係を利用して女子と性関係を持つのではない、と考えるからです。家族間性虐待のうち兄から女子への性虐待は、身体的暴力または脅迫を用いないで行われる性関係で、性行為の強制に当たらないと見るのです。

とすると五事例で該当するのはL子の事例のみとなります。他の四事例は兄からの暴力や脅迫による性虐待という概念になじみません。K子・M子は精神を病み入院する事態に及んでいますが、二人とも兄からの身体的暴力は受けていません。二人の兄は力の行使として性虐待を行ったと判断することになじまないのです。

ところで広く普及した考えに「性虐待のほとんどすべては加害者が子どもの信頼感を利用して特別の秘密の関係（性行為）を作り、むりやりに子どもの身体心理的な境界線を浸食する。ほとんどの家庭内の性虐待は暴力的でも突発的に発生するものではなく、子どもが抵抗しないように徐々に〝手なずけ〟で行われる、という考え方があります。このような過程をクリスティン（一九九〇）は「手なずけのプロセス」と呼んでいます。この理論は家庭内の性虐待に関してわが国の臨床家の間に浸透している、いわば常識のような理論であるといえるでしょう。*

たしかにL子以外はこの「てなずけのプロセス」に該当するようにもみえます。しかし先の四事例は「てなずけのプロセス」の理論だけでは説明がつかない複雑な様相を示しています。筆者は「兄による女子への性虐待」は、「てなずけのプロセス」にプラスして、それを許容する家族関係および生活習慣をあげたいと思います。

O子を除く四人の女子らが母親との関係が安定せず、母親からの保護や適切な養育を受けているといえない生活をしていました。むしろ女子は家のなかで放置された状態にあったといえるのです。その背景のひとつに両親関係の気まずさと、そして経済的なゆとりのなさが考えられました。O子を除いた四人の女子の事件の背景には家族関係の気まずさ、そして母子関係の希薄さが観察されたのです。

「兄から女子への性虐待」の発生の家族には、両親関係の気まずさと経済的なゆとりのなさ、そして兄による女子への「てなずけ」など家族関係的な側面が示唆されるのです。さらにここに重大な要素が加わると思います。それは生活習慣です。子どもたちの成長から常識的に考えれば一般的に変更されるべきはずの生活習慣がこれらの家族には維持されていることが散見されます。その代表が同室

＊ 北山らはクリスティンの「性虐待のほとんどすべては加害者が子どもの信頼関係を利用して特別な関係をつくり実行されている〈てなずけのプロセス〉である」という理論を紹介している。性的搾取および性的虐待被害児童の実態把握および対策に関する研究報告　平成十四年度版を参照して欲しい。

で寝る習慣と同時に入浴する習慣です。

『甦る魂』を著した穂積純の場合も、兄との入浴時に事件が発生したと述べています。北山らの報告のなかにもわが国の入浴形態についての疑問が述べられています。その一説を紹介すると「現在も日本では家庭内の父親との入浴は社会的に許容されている傾向があるが、北米の常識的な価値観ではこれは犯罪である」として、さらに「日本の入浴習慣は大人側が十分な配慮しないと子どもに性暴力を起こす可能性が高い、またはその可能性を常に持っている」と警告しているのです。* 北山はここで父親の性虐待の可能性を指摘していますが、当然兄との性虐待の危険性もあると筆者は思うのです。

北山らの報告では特にわが国の独自の入浴習慣に警鐘を鳴らしています。筆者はそれに加え、川の字になって寝る就寝習慣にも警鐘を鳴らしておきたいと思います。通常の家庭では、子どもの成長にともない生活のあり方を変えていくのが普通ですが、なかには両親によって変更が先延ばしになっている家庭もあります。

思い出していただきたいのは本章の「はじめに」に登場する兄妹の家族の様子です。思春期に入った兄妹を持つ家庭は、入浴や就寝等の生活習慣のみなおしを適宜行う必要があることを重ねて述べて

＊　北山はわが国の入浴形態に関して欧米の常識的な価値観では犯罪であると厳しくいさめいてる。生活文化史からみれば家庭で父親と子どもの入浴という行為は、戦後の家族中心主義の産物といえるが、子どもに性暴力を起こす可能性が高く、またその可能性を常に持っていると警告している。「性的搾取及び……」の研究報告十三年度版の七四頁を参照。

おきたいと思います。

3　力の行使と性の自己決定権と兄から女子への性虐待

性虐待の定義で鍵となるのは力関係と性の自己決定権です。

北山らは先の報告で性虐待を「大人、年長者または影響力を行使できる立場にある者が力関係を利用して十八歳未満の子どもの性的自己決定権を侵害するプロセスである」と定義し、[*]「性的虐待の加害者は身体的・心理的・経済的または社会的に弱い立場にあり、かつ性的行為が本来どのような関係性のなかで行われるものか、あるいはそのことを認識して拒否する権利やその方法について十分理解できない子どもを絶えず性欲の対象とする」と述べています。

この視点から捉えた場合、「兄から女子への性虐待」は性虐待とはみなされません。兄妹などの非強制的な性行為は力の行使にあたらないので、虐待ではないと判断されるのです。いいかえると「兄から女子への性虐待」は、妹である女子の自己決定に基づいてなされる兄との性行為である、と判断される可能性があります。

＊　家長権の乱用に関しては枚挙に暇がないほど沢山の論者によって「性虐待」との関係は指摘されている。「近親姦タブーの尊守における不平等はある特定のタイプの家族においては理にかなっている。それは父親が支配する家族であり、性別による役割分業がはっきりしている家族である」とハーマンが述べている。詳しくは『父-娘　近親姦』の六三-六四頁を参照して欲しい。

この理論は、特にわが国の年長の男性の援助者間で根強く指示される傾向がみられます。女子も共犯だ、兄が悪いのではないとする理論です。一部の援助者は、単なる「いかがわしい行為」「みだらな行為であって問題ではあるが大したことではない」と主張します。この理屈は被害にあう女子のなかにも存在していて、女子は被害にあいながらも「兄が悪いのではない、自分が悪いのだ」との思いこみのなかで自らを苦しめているのです。その傾向は穂積が経験から述べているとおりです。

筆者が「兄から女子への性虐待」を子どもの性虐待の問題として議論の遡上に乗せたいと考える動機はそこにあります。「兄から女子への性虐待」は単にいかがわしい事件でも、嫌らしい事件でも、ふしだらな事件として片付けられる種類のものでは決してありません。それは女子の自己決定で行われる性行為でもありません。その証拠に、多くの女子は人権において甚大な侵害を受け、のちに深刻な後遺症に苦しんでいます。

また「兄から女子への性虐待」は兄の性的な実験のためにのみ行われる行為ではありません。その証拠にL子を除いた四人は家のなかで影の薄い女子で、親からの配慮や監護から遠い存在でありました。そのなかでも三人の女子は兄を親のように頼りにしていました。兄も妹である女子を大切に扱っていたと思われました。あたかもロフタスの著書に登場する女性のようにです。

兄は暴力を用いて女子を性的に利用しているという表現も妥当とはいえないでしょう。穂積の事例もそうですが、兄から女子への性虐待は多くの場合暴力を用いません。日常生活のなにげない営みのなかに兄から女子への性虐待という事件は発生しているというのが現実なのです。むしろ、だからこそ事件は女子に強い打撃をあたえるのではないでしょうか。なぜなら日常生活そのものが女子の脅威になるからです。

第5節　まとめ

一九八〇年代から欧米のフェミニズム運動の影響もあって、わが国でも被害者の人権を擁護する社会運動は一九九〇年代から広まりをみせました。しかしながら「兄から女子への性虐待」という小さな木には光が十分にあたることがありませんでした。力の行使と自己決定権を中心にした既存の性虐待の定義を用いても、「兄からの性虐待」に対する保障は難しいのです。

「父親からの性虐待」を理解し、解決するために取りくんできたさまざまな理論や方法は、逆に「兄から女子への性虐待」を理解し解決する妨げとなる可能性がクローズアップされてきました。力の行使と性の自己決定権を鍵とする既存の性虐待の定義を用いた場合、「兄から女子への性虐待」に対する援助が困難になってしまうのです。

「兄から女子への性虐待」を理解し援助を検討するためには、既存の理論だけでは十分とはいえないでしょう。「力の行使」「性の自己決定権」以外の鍵概念が必要となります。つまり住環境・家族関係・生活習慣・兄と女子の相互関係のなかでこの問題を捉える、新しい包括的な鍵概念が求められているのですちなみに穂積は『解き放たれる魂』の副題に「性虐待の後遺症を生き抜いて」と記しています。五年前『甦る魂』を著した穂積は副題に「性暴力の後遺症を生き抜いて」と記しています。「性暴力」から「性虐待」へと表記が変わっているのです。いったい五年間は穂積にとってどのような時間だったのでしょうか。穂積の変化がわが国の社会の変化を反映しているように見えて、筆者はそこに意味深いものを感じるのです。

第4章 他者から女子への性虐待

筆者には忘れられない女子がいます。女子は中学生で真面目で快活な子でした。その日は部活で、帰りがいつもよりも遅くなりました。遅いといっても初夏の七時ですから、少し陽が落ちたころです。女子はその日はひとりで帰宅することになりました。たまたまその日、いつも一緒の友達が用事で先に帰っていました。そして女子は学校からそれほど遠くない空き地で、同じ学校の男子数人から性虐待を受けました。

その際、女子は殴られて顔面に打撲痕を作りました。学生服は泥まみれになりました。女子は帰り道にその地域の青少年補導員とすれ違いました。その補導員の通報で地元の警察署が事件を知ることになりました。地元では少年数人が空き地にたまってタバコを吸っていたり、卑猥な言葉を通行中の女子学生に浴びせていることは、かねてより地域の話題になっていて、補導員は少年たちの様子を注意して見回っていたのです。

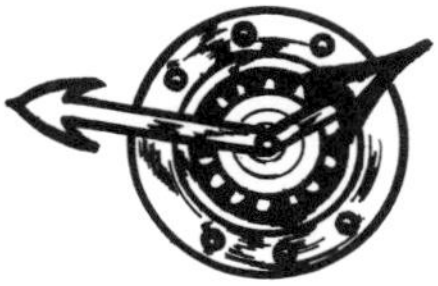

警察署員は翌日に学校に出向き事件の報告をしました。その時点で女子と家族からの被害届けは出されていませんでした。学校は大騒ぎになりました。被害女子の特定におおわらわになったのです。警察署および学校は再度そうした事件が起きることを懸念し、被害女子を特定して被害届を出すように説得しようとしました。そして学校は欠席者のなかから被害女子を割り出しました。

女子の担任は家庭訪問を行いましたが、親は固く口を閉ざし女子にも面会させませんでした。次からは訪ねてくる担任に対して、親と女子は居留守を使うようになりました。そうした学校の動きと時を同じくして、地域で女子の性被害のうわさが広まりました。うわさは静かに、しかし急速に広まりました。女子のきょうだいも登校しなくなりました。家族も昼間に買いものをしなくなり、ある日一家は引っ越してしまいました。

女子の一家が引っ越す前に、女子の担任が筆者のもとを訪ねてきました。筆者はどうすることもできませんでした。女子とその家族から筆者の相談機関に相談申請が出されていなければ、相談や援助をすることはできないのです。また警察署に被害届が出されていなければ少年を取り締まる方法もありませんでした。一方の学校は、被害者と加害者の両方をかかえて窮地に立たされていました。学校・警察署・地域住民で組織する学校区青少年健全育成部会の混乱と動揺は大変なものでした。

当時、筆者は疑問に感じていたことがあります。防犯上の配慮として警察署と住民と学校のとった行動は当然のこととして筆者は理解できましたが、女子の福祉的な観点からいうと納得のできない点があったのです。女子の人権への十分な配慮、女子のきょうだいや家族にとって十分な配慮をしただろうか、という点です。

また教育的な観点からも疑問が残りました。被害者である女子とそのきょうだい、加害者である少年らはのちに登校しなくなってしまいました。公教育からは外れてしまったのです。女子ときょうだいはなんら悪いことはしていませんが、社会から身をひいて公教育を受ける権利を放棄してしまったのです。

加害者の少年たちはそれがなぜいけない行為なのかを学ぶ機会を失っています。少年たちには教育と成長への援助がより一層に必要です。再犯を防ぐための教育と成長への援助が特に必要な生徒なのですがその機会を逸しています。児童虐待の防止等に関する法律の制定前のことでもあり、また筆者の所属していた機関の限界からそれ以上のかかわりは持てませんでしたが、悔いが残って忘れることができないでいます。

「他者からの性虐待」は一般的に痴漢、レイプないし強姦、あるいは強制わいせつ、性暴力、福祉犯などによる性犯罪の被害という呼称で表現されるでしょう。呼称で筆者に一番フィットするのは性暴力なのですが、事件性が強調されているぶん、人権侵害の意味合いが薄い呼称に感じられます。また、「誰がどうした」という問題の指摘が不明確なために、被害者の存在が感じられないように思われます。ですので筆者は、児童福祉の対象として対応を考える場合には、「他者から女子への性虐待」「他者からの性虐待」という表現を使うことにしています。

筆者のいう「他者からの性虐待」の「他者」とは女子の実の両親ときょうだい以外のすべてを指し

ます。一般的にはレイプと表現され、家族外の人物から女子への性暴力を意味しますが、継父や養父、母親の内縁の夫、義理の兄、叔父は他者とみなすことにします。しかし同居している祖父については家庭内の性虐待と位置付けます。

レイプは女子にしか起きない事件ではありません。レイプは幼児に起きない事件でもありません。またレイプは若くない女性には起きない事件でもないのです。さらに女性以外に起きない事件でもありません。しかし本書の主旨が小・中学生の女子に限定しているため、ここでは「他者による女子への性虐待」として問題の所在と課題を取り扱うことにします。

ちなみに「佐賀の女児連れ回し事件　巡査が逃走図る」が報じられたのはつい先だってのことです。巡査はわいせつ目的で三人の女児を連れまわし逮捕され拘留中でした。拘留中に逃走を計り、マスメディアに報じられたのです。巡査の所属していた福岡県警の幹部はあきれ果てた表情を浮かべていたと、全国版の新聞は伝えています。

先述したとおり、警視庁は児童の略取誘拐（つれさり事件）の認知件数を平成六年から毎年発表しています。それによると平成十四年度は二五一件でした。その数は平成六年度の二〇三件の一・二四倍を示しています。内訳をみると、六歳から十九歳までの被害児童の増加は一・三九倍ときわだっています。なかでも小・中学校の女児の被害は、平成十四年度は一六四人で、平成十五年度は小学生の一〇一人が被害にあっています。

もうひとつの事件も記憶に新しいでしょう。強盗強姦罪で起訴されていた犯行当時十五歳の少年らに実刑判決が福島地裁郡支部で出されました。平成十五年の九月に女性のアパートに侵入して強盗強姦したとして無職少年ら二人に、福島地裁は懲役三年六ヵ月以上六年以下の不定期刑を言い渡しました。少年法が改正された以降、はじめて起訴されたケースとして報道されています。二つの事件の報道を目にした読者も少なくないでしょう。

しかしながら「他者による女子への性虐待」はなぜ多発するのでしょうか。小学生が一〇一人以上も略取誘拐の被害にあうという、わが国の社会は一体どのようなものなのでしょうか。その実数も現実のほんの一部を反映したに過ぎないという話はよく耳にします。実際はもっと深刻である可能性が高いのです。

暗澹たる気持ちになるのは筆者ばかりではないと思います。いたいけな子どもを性虐待から守る方法はあるのでしょうか。ここでは「他者による女子への性虐待」を検討してみたいと思います。進行は、第1節が「(他者による女子への性虐待)の実態と研究の概要」、第2節が「五事例」、第3節が「五事例の考察」、第4節が「(他者から女子への性虐待)の類型」、第5節が「考察」となっています。

第1節　「他者による女子への性虐待」の実態と研究の概要

1　「他者からの性虐待」の実態

警視庁の「子どもが被害者となる刑法犯の状況の推移」によると平成十四年度の凶悪犯のなかの強

姦被害児童のうち小・中学生は二二〇人でした。また風俗犯被害の小・中学生は二、六〇八人で、そのうち強制わいせつの被害は二、四六三件でした。

いっぽう福祉犯被害は五七三人で売春防止法の被害児童は一三四人でした。風俗営業法の被害児童は九二九人、職業安定法の被害児童は一一六人でした。なお福祉犯の被害児童の属性割合は確認することができませんでしたが、小・中学生が相当数含まれていると思われました。また略取誘拐（連れ去り事件）の被害にあった小・中学生は一七九人でした。それら確認できている数を合計しても、二、八四七件あります。

福祉犯被害をいれると小・中学生の被害児童はおそらく三、五〇〇人相当と推定されます。しかもこれらの数字は警視庁に認知された数であって、実際は倍、あるいは数倍ちかくの事件が発生しているという専門家もいます。「他者からの性虐待」の対象児童は少なく見積もって三、五〇〇人、一般的に見積もると七、〇〇〇人、一部の専門家の指摘では一万人以上いる可能性があるのだそうです。

現在、わが国において性暴力の定義は定められていないといえるでしょう。国際連合の「子どもの権利条約」の三十四条に「あらゆる子どもの性的搾取および性的虐待から子どもを守ること」と定められていることを考えれば、性暴力は性虐待に該当するものと捉えられます。しかし「児童虐待の防止等に関する法律」で性虐待は、家庭内で親など子を監護する立場から子への虐待と規定し、家庭内にその場を限定しているので、他者からの性虐待は厳密な意味では性虐待に含まれません。

ですから「他者から女子への性虐待」は性暴力であって性虐待ではないと主張する専門家もおり、

性暴力を受けた被害児童が「児童虐待の防止等に関する法律」の保護を受けられない可能性がありま す。被害を相談した機関が警察署の場合、それは「強制わいせつ」「強姦」等で刑法適用の被害ない し「ちかん」等の迷惑防止条例の適用の被害と処理されることもあるでしょう。「他者からの女子へ の性虐待」は定義そのものが不定であるため、取り扱う機関によって捉えかたがさまざまで、また被 害状況や、地域や担当者によっても捉えかたに幅があるのです。

この点に関して田上は「子どもへの性被害（痴漢・強姦・強制わいせつ・露出などを含めて）はす べて「性的虐待」であるというのが国際的な見方である」と述べ「日本では性被害の四分野（調査・ 研究、介入、治療、防止）のどれもが未成熟であり、子どものケアのためのプログラムも施設もな く、法的な支援はほとんどない」と述べ、日本の対策がカナダに二十年以上遅れていると報告してい ます。

一方、フェミニストセラピィ研究会編の『ワーキングウィズウーマン　性暴力被害者支援のための ガイドブック』[13]には米国の性暴力被害者支援プログラムが紹介されています。そのなかに「性暴力と はレイプ・近親姦・性的搾取・子どもへの性的虐待など他者から強要される性的な行為のすべてを指 す」と定義されています。この定義が提示されたのは十五年前になります。

性暴力は性虐待を含む上位概念であるのか、性虐待が性暴力を含む上位概念であるかは、いまだ専 門家間で一致をみている状況ではないのでしょう。しかし田上が述べているように国際的な動きは、 子どもの権利擁護を一番に据えた性虐待が、性暴力の上位概念として位置付けられているようです。

わが国では三、五〇〇人の性犯罪の被害児童の数は児童虐待のなかの性虐待の件数としては登録されていません。厚生労働省が発表している児童虐待のなかの性虐待の被害は平成十四年度は八二〇人です。

ところが児童相談所の発表する件数がわが国の子どもの虐待の発生実数ではないことに気づいている国民はどれだけいるでしょうか。正直にいうと、筆者もつい最近までこの数字のトリックに気づいていませんでした。厚生労働省の発表する数字が当然に全国の子どもの虐待の発生件数を示すと思いこんでいたのです。そうでなくとも被害者八二〇人という事実は筆者にはとても重みのあるものでした。

このような誤解は筆者のみでしょうか。一般の国民のなかに子どもの性虐待は厚生労働省の統計以外に、約三千人以上いることを知っている人はどの程度いるでしょうか。児童虐待をあわせれば公式統計だけでも、少なく見積もっても四千人近くの小・中学生がわが国で性虐待の被害にあっているといえるのです。この現実を読者はどのように思われるでしょうか。

よって「他者から女子への性虐待」を検討する過程で、わが国の子どもの虐待対応の全般をふりかえってみることは意義あることだと筆者は考えます。なぜなら被害者である女子の人権を考えるうえで性虐待の全体を検討にすることは必須だからです。

2 「他者からの性虐待」研究・調査の概要

国立国会図書館の文献の推移を見てみましょう。

ちなみに「他者から女子への性虐待」という題名では検索はできませんでした。「他者から女子への性虐待」は性暴力、強姦、性犯罪、強制わいせつ、性的暴行、性被害という題名で論文が提出されている可能性があります。レイプという題名で研究論文を検索すると全部で約四百本近くが登録されていました。レイプに関する論文の登録数の変化はこの二十年間で約五倍という勢いです。レイプの社会的な関心は論文数から見る限り高くなっているといえそうです。

ところで題名から研究論文の動きをみると、この二十年間で強姦と性犯罪は約二分の一の大幅な減少をみせ、逆に性暴力・レイプが大幅な増加をみせています。強制わいせつや性的暴行に関してはほぼ横ばいでした。こうした動きは、被害者の人権に対する社会的な姿勢の表れとみることもできましょう。またそれは「他者から女子への性虐待」をめぐる国際情勢と社会環境が大きな関係があることを示唆しているともいえましょう。

次に一般図書から「他者から女子への性虐待」を眺めてみましょう。むろん『他者から女子への性虐待』という題名の書物はありません。わが国で児童虐待を最初に出版した池田の『児童虐待』[2]や津崎の『子どもの虐待』[9]のなかにも他者による性虐待は登場していないようです。

一九九一年に出版された森田の『誰にも言えなかった』[15]のなかに、レイプ被害者の証言が登場していますが、ここでも性暴力という表現になっていて性虐待という表記はありません。一九九二年になって、斎藤の『子どもの愛し方がわからない親たち[6]』のなかにはじめて子どもへの性暴力を「性的虐待」という表現で語られています。調べた限り、斎藤がわが国において性暴力を『性的虐待』と置き代えて議論の展開をした最初の人物ではないか思われます。

レイプの被害者の手記は一九九八年に板谷利加子の『御直披[3]』、緑河美紗『心を殺された私　レイトラウマを経験して[14]』が代表でしょうか。邦訳はS・ブラウンミラー著　幾島幸子訳の『レイプ・踏みにじられた意志[12]』が二〇〇〇年に発行されているようです。その他にもいくつかの出版がありま す。

レイプ・性暴力の被害者支援の参考となる書物の代表はフェミニストセラピー研究会編の『ワーキングウィズウーマン　性暴力被害者支援のためのガイドブック』でしょう。一九九九年に発行されたこの性暴力被害者支援のためのトレーニングプログラムは新鮮な驚きとともにわが国の現場に受けとめられたと筆者は思います。当時、現場にいた筆者らも教本として参考にしたものです。

二〇〇二年には性暴力を許さない女の会編の『サバイバーズ・ハンドブック　性暴力被害回復への手がかり[7]』が出版されました。読者のなかにも読まれた方はいらっしゃるのではないかと思います。

国立国会図書館におけるわが国のレイプに関する論文は約四百本、性暴力で約二百四十本、強姦で約二百四十本、性犯罪で約三百本の論文を数えています。それら論文の大半は成人の女性の性被害を扱っているものですが、多少は小・中学校の女子の被害を報告した論文も含まれているようです。研究論文の動きをみる限りレイプ・性被害関係の研究は「父親からの性虐待」や「兄からの性虐待」などに比べれば、早くから社会的関心が寄せられ、研究としても深化がみられるようです。

ただレイプ・性被害を人権上の問題ないし児童福祉の対象として位置づけているものがどの程度あるかは不明です。

一九九六年には小西が『性被害者の心の傷』(4)で性暴力の被害女性とのカウンセリングの内容を取り上げています。小西はそのなかで強姦に対するわが国の偏見の強さを訴えています。そしてハーマンの著書を引用して性犯罪の被害者のことを「性虐待のサバイバー」という表現であらわし、人権擁護の必要性をといています。

二〇〇一年になると吉田タカコが『子どもの性被害』(16)で斎藤との対談を組み、そのなかで性被害を「性的虐待」といい換えています。性暴力が、性的虐待ないし性虐待とあらわされ、女子の人権擁護が問題にされるようになってまだ日が浅いといえそうです。

3　おわりに

「他者から女子への性虐待」の実態と研究の周辺を検討してきました。現在の日本では「他者から女子への性虐待」はほかの性虐待に比べ、研究の量や深化という点で進んでいるようです。しかし、虐待問題すなわち人権問題として捉えた研究は、まだまだ日が浅いということが分かりました。レイプ・強姦という捉え方なら古くから、そしてたくさんの研究が存在しますが、子どもの人権という視点では「他者からの性虐待」の研究は、始まったばかりであるといえそうです。
研究が進まない要因としては、多様な用語や呼称、法律が複雑に細分化していること、扱う機関が複数であること等が挙げられます。また、児童福祉的な観点よりも司法的観点を優先している現在の制度の影響も大きいでしょう。

第2節　五事例

ここでは筆者がかかわった「他者から女子への性の虐待」の五事例を述べます。①P子、三十二歳は中三で、②Q子は中三の時に、③R子三十八歳、母娘の場合、④S子二十九歳の場合、⑤T子、中二の場合、です。なお事例は対象の特定を避けるため属性などに修正を加えていることをはじめに記しておきます。

【事例1】　P子、三十二歳は中三で

P子の実家は両親が工場を経営していました。P子の弟は発達の遅れがあり、P子は跡取りとして両親の大きな期待を担い、またそれにより両親は厳しくP子をしつけました。P子は中学の頃から非行傾向を持っていました。学校も休みがちで、不良仲間と集団でたむろってタバコをふかしたり、集団で万引きをしたりしていました。そのような生活をしていたある日、いつものたまり場でいつもよりも多い酒が入った時、気づくと女子はP子一人でした。突然に、その中のリーダー格の男がP子に襲いかかりました。集団の中でP子は襲われ複数から性暴力を受けました。

P子はそれをきっかけにグループから離脱しました。実家から遠距離の高校を選び、必死にA子は過去を捨てて生きようとしました。懸命に勉強して、高校卒業後は都心の企業に就職しました。数年が経過したのちに、P子は親の紹介で見合いをしました。相手は両親の仕事の関係の知人の息子で、真面目そうな人だったので結婚をしました。そして娘をもうけました。

P子が筆者のもとを訪れたのはP子の娘が小学校の四年生の時です。P子の娘は不登校で、家庭内でP子に暴力をふるっていました。髪の毛をわしづかみにしてP子を引きずりまわしたり、床に牛乳や醬油をまきちらし、布団に水をかけたりと、激しい家庭内暴力でした。窓のガラスは割れ、ドアは破られました。そのような状態になってP子は筆者のもとを訪れたのです。筆者を訪れたときのP子は硬い表情と地味な服装をしていました。

一ヵ月後、P子の娘が筆者の面接室を訪れました。娘は祭りで売られているビニールのお面をかぶっていました。娘は顔をそむけ筆者の働きかけを一切無視していました。同席した夫は実直そうな、やや硬い感じがする人物でした。当時、P子夫婦はP子の実家の工場の経営を引きついでいました。夫婦仲は悪くなさそうでした。

当時、筆者はP子の娘の不登校と深刻な家庭内暴力の理由がどうしても分かりませんでした。筆者らが援助の方法を決めあぐねてい間も娘の暴力は次第に激しさを増していきました。このとき、筆者らが心配したことはP子の夫が思いつめて娘に危害を加える可能性でした。

そのような日々のなか、P子が突然訪ねてきました。いままでの地味な服装とはまったく異なるいでたちでした。そしてP子は中学三年の時の出来事をいっきに話しだしたのです。P子は同じ体格になった娘をみるたびに当時の自分を思い出し、なにも知らない夫がP子の過去を知るのではいかと心配で、気が狂いそうになると訴えました。そのときP子が身につけていたのは集団で暴力を受けた日に着用していた服でした。

【事例2】　Q子は中三の時に

その日、Q子はこれから始まる高校生活に思いをめぐらせウキウキしていました。中学の卒業式も終わり、あとは高校の入学式を待つばかりの状態でした。中学の友人から電話が入ったのはそのような晩でした。「貸していた本を返して欲しい」という友達の話にQ子は「今から持っていくから」と答えました。時刻は夜の十一時をまわっていましたが、自転車でとばせば十分とかからない場所に友達の家はありました。

春先の暖かな晩でした。Q子はウオークマンのヘッドホンをつけ、お気に入りのサウンドを聴きながら、自転車をこいで友達の家に急ぎました。五分で友達の家につきました。玄関で本を友達に渡しました。しばらく道路でうわさ話など、友達と雑談をした後、Q子は再びヘッドホンをつけて自転車をこいで帰路を急ぎました。

そのとき、黒い乗用車がQ子の自転車の直前に止まりました。Q子の自転車は乗用車と軽くぶつかりました。Q子はヘッドホンをとり、乗用車の男性に頭をさげて謝りました。男性はにこにこと笑いながら乗用車から降りてきました。その男は右手にナイフを持っていました。「声を出したら殺す」とその男は言いました。Q子は何がなんだか分かりませんでした。そして車中でQ子は男から性虐待を受けました。終わるとQ子は車から降ろされました。Q子は自転車の場所にもどり自転車をこいで自宅に戻りました。家族は寝ていました。

それからのQ子の生活は一変しました。始まった高校は五月の連休過ぎから登校できなくなりました。家から出られなくなったのです。夜が怖く父親や兄弟の声を聞くのがいやでした。食事がとれず痩せていきました。心配した母親は筆者のもとにQ子を連れて来ました。Q子は髪の毛で顔面を覆っていました。

当初の訴えは「精神不安で高校に通えない」でした。筆者は面接を数回実施しましたが、Q子の症状の理解は進みませんでした。しかしQ子の精神不安は尋常ではなく、筆者らはQ子が重大な個人的な未解決な問題を持っているという印象を持ちました。そのような時にQ子はマンションの自室に火を放ちました。煙に気づいた母親が消しとめましたが、マンションの煙感知器が作動し消防車が数台集まってしまいました。パトカーもかけつけて、事は重大になりました。

Q子が事件を筆者らに開示したのは事件から丸二年経過した後でした。Q子と両親は警察署に被害届を提出しました。その間、母親も事件を知らなかったのです。

【事例3】 R子、三十八歳、母娘の場合

R子は自営業を営む両親と叔父と弟二人の六人家族の長女として育ちました。R子が幼い頃はまだ祖父母が同居していましたが、R子が幼少期に二人とも亡くなりました。同居していた叔父は祖母に溺愛されて育ったようです。叔父は高校を中退後に家で仕事もせずにぶらぶらしていました。それまでにも何度か問題を起こしており、周囲は困りはてていました。

R子が叔父から性虐待を受けたのは小学校高学年でした。両親が仕事場にいる間に、叔父は小学校から帰宅したR子のランドセルを放りなげ、はがい締めにしてR子を性虐待しました。その叔父は遊び仲間にそのことを言いふらし、R子は知らない男から性虐待を受けることになりました。仲間は「やらせてもらえると聞いた」と家にやってきました。彼らは当然、両親が不在の時間を知っていたのです。

R子は中学の時に精神症状を悪化させ長期間入院を余儀なくされ、社会復帰したのは相当後になってからです。そして現在の夫と出会い結婚し二人の娘に恵まれました。しばらくは平穏な日々が続いていました。

R子の娘が略取誘拐されたのは、中学に入学の直前でした。娘は通学用の自転車を地下の駐車場に入れているときに、乗用車に乗った二人組の男によって車内に引きこまれました。後部座席にいた男は娘の手首をつかみ刃物を突きつけました。そして「騒ぐとどうなるか分かるな」とい

いました。車は高速道路を走り、山のなかに連れこまれた娘は車中で男二人に襲われました。男らは娘を山に残したまま逃亡しました。娘は持っていた携帯電話で母親に助けを求めました。地元警察署が大がかりな捜査を行った結果、娘は明け方に保護されました。しかし、それは地元の新聞記事になりました。娘はそれ以後、登校できなくなりました。R子が筆者のもとを訪れたのは、娘の不登校からしばらく経過した後に、妹が登校を渋り出してからでした。R子はためらわずにR子自身と娘の被害を語りました。

【事例４】　S子、二十九歳の場合

S子の両親は小学校の低学年の時に離婚して、両親ともに行方不明だそうです。S子を施設に預けた直後に二人とも蒸発しました。施設の職員によると多額の借金をしていたそうです。両親はギャンブルと酒が好きだったようです。S子は小学校の高学年から特定の職員から性虐待を受けていました。施設職員は「騒ぐと施設にいられなくなるぞ」とS子にいったそうです。S子は頼る親戚や縁者がおらず、施設に居られなくなることを一番に怖れていました。施設職員は当直の日にS子を呼びだし当直室で性虐待を行ったようです。

S子が施設から脱走したのは、施設の職員による性虐待が新聞などで報道されていた頃だったそうです。S子もニュースでみた施設の子らのように脱走したのです。おりしもS子の友達がアパートを借りて生活し始めた頃でした。S子の友達は飲食店の従業員をしていて、その店でS子も雇ってもらいました。年齢はごまかしました。

S子は懸命に働きアパートを借りるまでになりました。そして貯金をはたいて簿記とコンピューターの学校に通い二つの資格を取りました。S子は事務職として企業に採用され、そこで現在の夫と出会い結婚しました。ほどなく娘と弟が生まれました。

しかしその生活も借金で崩れました。夫は浪費家で外国車をローンで購入し、また隠れてギャンブルにも手を出していました。S子は再び飲食店で働かなくてはならなくなったのです。借金は半端なものではありませんでした。夫の暴力が始まったのはそのような頃でした。S子は骨折するほど殴られていました。

当時、筆者はS子の娘と面会しています。娘は保育園で他児を叩いたりつねったりして保護者から苦情がきていました。S子の娘は日常的に暴力行為を目の当たりにしていて、また娘自身も父親から身体的暴力を受けていました。

筆者らはS子らに母子自立支援施設（母子寮）の入居をすすめました。しかしS子は入所をかたくなに拒否しました。このような生活であってもS子と娘らにとってはかけがえのない家庭なのだ、というのがS子の断る理由でした。

【事例5】　T子、中二の場合

T子は中二に自転車で帰宅途中の河原で見知らぬ男から性虐待を受けました。夕方の人通りの途絶えた河原で「さわぐと殺す」と背後からはがいじめにされ、草むらに引きずりこまれました。帰宅後、すぐに母親は気づき「どうしたの？」と聞きました。T子は男から性虐待を受けたことを母親に告げました。母親はショックを受け、しばらく落ちつかずにいましたが「警察に行こう」と述べ、母親とT子は地元の警察署に出向きました。町内会で連続婦女暴行事件が続発している旨の文書が回覧されていました。

警察署で報告をしている間、T子は冷静だったものの、次第に全身の震えが止まらなくなりました。「さわぐと殺す」といった犯人の声が耳に反響していました。それでもT子は翌日からは登校を開始しました。家にいる方が辛かったからです。母親に車で送迎をしてもらいました。

母親とT子は筆者のもとに相談にきました。T子の家は地元では旧家として有名で、祖父母は地元の町内会の役員も引き受けていました。だから事件は母親とT子だけの秘密とされました。

警察署の取調官は、T子の事件は同一犯人による一連の婦女暴行事件の可能性がある、と母親に話しました。しかし一年が経過しても警察署から犯人逮捕の連絡はありませんでした。母親は「あの事件はなかったことにしよう、運が悪かったと思おう、誰にも言いなさんな」とT子にいいました。しばらく母親とT子からの連絡はありませんでした。

T子には隠れた癖がありました。それは皮膚の吹きでものをひっかくという癖でした。T子の皮膚は紫色のひっかき傷が無数にありました。T子は「このように汚い肌だったら襲いかかる男も恐れをなして逃げる、二度と襲われないために自分ができる唯一の予防策は体を傷つけておくこと」と理由を言いました。そして「こうしていると自分の中の汚れ物がほじくり出される感じ。ほじくり出すと少しは気分がいい」とも述べています。そのようにいいながらT子は体を掻きむしったのです。

しばらくT子からの連絡は途絶えました。そしてT子は突然に筆者の前に姿をあらわしました。来所したT子は極度に痩せ憔悴していました。T子は「犯人が捕まった。警察に呼ばれて犯人を確認した。それから調子が悪くなった」と早口に報告しました。T子は犯人の顔をみてから、性虐待を受けた当時の場面がよみがえり精神が不安定になっていたのでしょう。フラッシュバックを経験していました。*

第3節　五事例の考察

第2節で挙げた五事例は、十年以上も前の事例もありますし五年くらい前の事例もあります。すべて女子と母親に面接しています。T子を除いたすべての父親にも面接しています。当初の主訴は学校などの集団不適応でR子を除いたすべては不登校の状態でした。

＊　フラッシュバックに関してデイビット・マス著『トラウマ――心の後遺症を治す』によれば一般的に無意識に起こってくるフラッシュバックは音・映像・反応の遅延などに表われるとしています。トラウマのイメージにすっぽり心理役されてしまうことに気づく、と述べている。七〇-七五頁を参照。

関わりは一年から三年の間で、親担当と子担当の複数の職員とかかわっています。筆者は援助の進行状況に応じて子ども担当になりました。また「他者からの性虐待」という内容で援助が展開できるようになるまでに要した時間は、P子は一年、Q子は三年、R子は半年、S子は一年、T子は二年です。被害女子らは慎重に開示するチャンスを狙っていたと思われます。

開示してからは女子の状態は回復に向かったのはP子とS子でした。R子は変化なくその娘も回復に向かっているとはいいがたい状態です。状態が悪化ないし病院などの治療の場に移行したのはQ子とT子です。被害から間もないということもあり、PTSDの急性期の症状から状況は安定していません。

性的虐待の被害は時間が経過したからといって軽減されるものではなく、それは「他者からの性虐待」とて例外でないようです。もっとも時間の経過が女子の変化をもたらすことも事実でしょう。たとえばR子の場合、自らの性虐待の被害を口外せず、経験から距離をとり、問題に直面するのを回避してきましたが、娘の被害の段階になると警察に出向き告訴をして、家族として性虐待の問題に取り組む姿勢をみせています。時間の経過のなかでR子の態度は変化しています。

ですが、R子のような事例の展開は特異なもので、全般的に「他者からの性虐待」の被害にあった女子はひとりひとりが異なる症状をみせ、また症状の多くは深刻な状態で対応が大変困難になっています。以上、五事例をふりかえってみました。次に虐待発生時の状況を本人・家族から眺めて被害の状況を検討してみることにしましょう。

1　虐待発生時の状況

A　女子の状況

女子の属性は小学校の高学年一件、中学生三件、高校生一件です。性虐待の被害の回数は、一回がP子とQ子とT子の三件で、二回がS子の一件で、二回以上はR子の一件です。性虐待の加害者が女子の知人だった事例はP子とR子とS子とT子の四件、知らない人が加害者だった事例はQ子とR子の娘の二件。R子は叔父と叔父の遊び仲間で知らない人からも被害を受けています。複数による性虐待はP子、単独の犯人による性虐待がQ子・R子・S子・T子の四人でした。警察に通報したのはQ子とR子の娘とT子。そのうち犯人検挙はT子のみです。またP子とS子とR子は通報していません。

B　家族の状況

次に被害にあった家族の状況をみます。当時三世代同居はR子一件のみ。他はP子とQ子とT子は核家族で離婚家庭はS子一人でした。父親の仕事は工場経営はP子、サラリーマンQ子とE子の二件で自営業がR子、不明がS子でした。母親の仕事は専業主婦Q子とT子の二件で父親の手伝いP子とR子の二件　不明はS子の一件でした。同胞数は、二人がP子・Q子・T子の三件、一人っ子はS子のみで、三人はR子の一件でした。同胞内の位置ではP子・Q子・R子・S子・T子の全員が長子で長女でした。

C　被害の状況

ここでは被害にあった状況をまとめます。被害にあった女子たちが加害者と出会った場所は、知人の家ではQ子、自宅ではR子、施設ではS子、路上がQ子とT子です。加害者と出会った所に女子がいった理由では、「登下校中」がQ子とT子、「自宅ないし施設で生活していて」がR子とS子、「たまり場に遊びにいって」がP子でした。加害者に出会った場所への同行者は、友達と一緒に行動をしていたP子を除いた全員が一人で周辺に人がいない状況で被害にあっています。P子は友達数人と遊んでいました。

加害者に対する反応では無抵抗はP子を除いて全員でした。ただP子も積極的な抵抗はしていません。被害にあったことを誰に開示しているかでまとめると、母親に開示しているのはQ子とT子、Q子とT子はその後に警察に通告して筆者に相談に来ています。母親にも開示せず、筆者へ直接はP子・R子とS子ですが、R子の娘の被害に関しては警察に通告し筆者へ相談に来ています。

開示までの時間は一年以内がQ子とT子とR子の娘です。十年から二十年をへて開示がP子とR子とS子で、三人は娘の問題から筆者のもとに相談に来ています。

加害者の年齢は中・高生はP子のみで、他は推定三十歳から五十歳くらいと思われるも定かではありません。加害者の職業は中・高生はP子、無職はR子、施設職員はS子で不明はQ子とT子とR子の娘です。R子は叔父と叔父の知人から性虐待を受けています。

2 おわりに

性被害の実態に関して小林は一九九〇年に発生した幼少児対象の強姦・わいせつ事件二一三件の調査内容を告しています(5)。それによると被害者の八七％が小学生であり、「被害者が加害者と出会う状況としては、登下校の途中と遊んでいる最中がそれぞれ同程度に多く、保護者の監督がない状況で抵抗もなく甘言につられて被害にあうケースが多い」、としています。

また小林は近年、小学生の性被害が急増していることに警鐘を鳴らしています。二〇〇三年に小学生が性犯罪（強姦や強制わいせつ）の被害者となった認知件数一八五九件であり一九九九年以降一貫して増加している点と、近年は小学生がわいせつ目的で連れさられる事件が二〇〇三年には一〇一人も出ていることを忠告しています（略取誘拐事件で未遂を含む）。

事例をふりかえるとT子は下校の途中でみず知らずの男から性虐待を受けています。R子は保護者の監督がない状況で知人から性虐待の被害を受けていますが、両者は甘言に乗ったという状況ではありません。

またわいせつ目的でQ子は車に乗せられるも、連れ去られるという状況でもなく、略取誘拐事件に該当するか、強姦事件に該当するか分かりません。その時に問題になるのがQ子が必死に抵抗したかどうかです。必死に抵抗すれば強姦罪・刑法適用になります。しかしそれは証明しがたく、しかも時間が経過してからの被害届提出ですので、強姦罪の適用は難しいかも知れません。

事例からみえてくることは「他者からの性虐待」を受けた女子に対する社会的な位置づけが不確かなことです。この点で「父親からの性虐待」「兄からの性虐待」を受けた女子と異なっています。第4節では類型からその点を検討してみましょう。

第4節　「他者から女子への性虐待」の類型

登下校の間に被害にあった率が高い事、保護者の監督が行き届かない間の被害であることなどは、Q子とT子の事例と共通しています。ハーマンらの調査によると知っている他人から女子への性虐待は五八％で、知らない他人からの性虐待は四二％です。そのうち警察署に通報しているのは知らない他人からの性暴力に関して八八％で、知っている人からの性暴力の警察への通告は一二％となっています。*

その傾向は我が国でも同様に観察されます。犯罪白書平成十二年度版では性的暴行の被害者のなかで警察署への申告率は九・七％です。他者による性虐待の警察署への被害届は全体の十分の一程度という状態は続いているようです。

＊　警察への通告に関してハーマンの著書『父-娘　近親姦』で七・五％が警察に訴えている、としたデータもある。調査によって警察への被害届の率は異なるようであるが、大まかに見て実際の発生に対して親告は一割前後といったところであろうか。わが国の実態もその割合をなぞっているようである。

五事例ではQ子とT子は母親に開示して、警察に通告し筆者のもとにも相談に来ています。R子は叔父と叔父の友達から性虐待を受けていますが親に開示していません。性虐待を行った職員から、施設にいられなくなると強迫を受けていたため、誰にも開示していません。P子も同様です。R子は娘の被害の段階で警察に通告し、筆者のもとに相談にきました。R子は自らと娘の二世代で他者からの性虐待を経験しています。

以上を含む筆者の臨床経験と先行研究の知見から「他者による女子への性虐待」の類型化を筆者は試み、以下に類型を示します（表4-1参照）。なお、レイプのタイプ分類はアバーバネルやグロスが一九七九年に作成した類型を参考に三の類型学を発展させているようです。それによると、①怒りによるレイプ、②支配的な強姦者、③サディスト的な強姦者である、としています。詳しくH・J・パドラ著の『心的外傷の危機介入　短期療法による実践』のなかのパートII、臨床への応用を参照してほしいと思います。*

筆者の印象では「他者から女子への性虐待」に関して、アバーバネルらを代表とする欧米のレイプ被害の状況とわが国ではやや内容が異なる例があるようです。わが国の場合は、性虐待時に必ずしも暴力を伴わない場合が多いように思います。「他者による女子への性虐待」は比較的に静かに行われ

* レイプのタイプに関してアバーバネルは『心的外傷の危機介入』のパートIIの（3）レイプの被害・強姦者のタイプで被害が女子に与える影響は強姦者のタイプによって異なると述べている。アバーバネルは心理学者のグロスの調査より三タイプを述べている。一一三-一一五頁を参照して欲しい。

表4-1　類型化「他者から女子への性虐待」

1類	多世代に続く性虐待		母親も他者からの性虐待の被害にあっている。知人の場合知人でない場合も含む。家族病理から性虐待の被害者になる場合もなくはないが多くは偶然が重なり続いたものと判断できる。R子が該当する。
2類	女子の知人・友達	A群	女子の親交のある者からの性虐待を指す。遊んでいる間に偶然の装いをもって性虐待が行われる。多くの場合は加害者らは計画的である。P子が該当する。
		B群	女子の親戚か近所の住民による性虐待。生活のなかで発生するのが特徴で，多くの場合は計画的な犯行である。親の監督の目を盗んで行われる。S子が該当する。
3類	知らぬ他人	A群	他者からの性虐待をうける可能性が高い生活をしている。深夜に単独で出歩く，防犯についての認識や備えがなく無防備である。しかし偶発的な要素も強い。Q子が該当。
		B群	防犯についての備えがあり知識もあるが偶然が重なり被害にあうパターン。一般的に強姦被害はこの型と思われている。多くは周到に準備され計画犯である。T子が該当する。

る傾向があるようです。筆者の臨床経験からの印象では身体的な暴力よりも性虐待の持つ暴力性そのものに圧倒されている状態の女子が多かったようです。

類型の説明をしましょう。1類は多世代から続く「他者から女子への性虐待」の連鎖です。一見，そのような偶然が重なるとは誰も考えないでしょうが，実際は臨床の場でそうした被害者とかかわることは少なくありません。2類と3類は加害者である他者が女子の知人か知人でないかでの分類です。

2類のA群は女子の知人であり友人であり同年代からの性虐待です。B群は女子は顔見知りですが、女子とは年齢が離れており、多くは女子の親族でしょう。3類は女子の知人ではありません。3類のA群は女子の行動が性虐待のハイリスク群で、一般的に犯罪被害が発生しやすい場所や時間帯に単独で出歩くなどの、無防備な行動が女子に観察されます。B群は日常生活のなかの偶然の要素がA群に比べれば優位な群です。3類に該当するのがR子、2類のA群に該当するのがP子、B群に該当するのがS子です。3類のA群に該当するのがQ子でB群に該当するのがT子です。

一般的にレイプと呼ばれる「他者から女子への性虐待」の被害者は3類のB群でしょう。被害にあう女子にはなんの落ち度もなく、偶然にその場所でその男と出会い被害にあうと思われています。しかし多くの場合、実行する男は下見をして状況を把握した上で犯行に及んでおり、計画的に実行されているようです。

たとえばT子の場合、夕方の人通りが途絶える時間帯の河原の状況を犯人はあらかじめ知っていた可能性があります。さらにいえば、こうした通学路を利用する女子の家庭状況もある程度は知っていたかも知れません。被害者が容易に警察署に通告しない土地柄を知り、それを利用した可能性もあります。

3類のB群に代表される加害者が被害者の反応を計算したうえで虐待を行う様相は他の類の群にも多少はみられるでしょう。遊び仲間から性虐待にあったP子、同居していた叔父から性虐待を受けた

R子、施設職員から性虐待にあったS子などがそうです。加害者は被害者の反応を計算したうえで虐待を行っている可能性があり、それゆえに被害にあう女子の打撃は大きいといえます。

第5節　考　察

考察は以下の三点で行います。①フェミニズム運動と「他者から女子への性虐待」、②「他者から女子への性虐待」の定義、③社会環境と「他者による女子への性虐待」の三点で行い、最後にまとめを行います。

1　フェミニズム運動と「他者から女子への性虐待」

「フェミニストによってレイプは性行為の一種ではなく暴力犯罪の一種であると定義された」というハーマンのことばはあまりにも有名でしょう。しかし性暴力として確かな位置づけがなされた結果、かえって「性虐待」としての位置づけを損なわせたという面が在ります。その影響は小・中学生の「他者から女子への性虐待」の援助に対してマイナスに働いている可能性が指摘できなくもありません。なぜなら強姦犯罪の被害者という呼称に親も女子もひるみ、そう呼ばれることに苦しむからです。とくにT子らは地域性もあって警察署の対応から受けた苦しみは性虐待と同等か、あるいはそれ以上に深かったのです。

ハーマンは「心的外傷と回復」で「理解が深まるにつれて性的搾取（性暴力）の研究は次第に複雑な関係をとりあげるようになった。暴力と親愛の情がからみあって切り離せないような関係である」として、路上で発生するレイプ以外に知人によるレイプ、恋人レイプさらに結婚生活におけるレイプへと焦点を拡大していったと述べています。そうした過程でハーマンは児童への性的虐待をもう一度発見したといわれています。[10][11]

ちょうどR子に代表される叔父からの性虐待と、R子の娘への性虐待のようにです。R子の場合は時代の変化からの影響も考えられますが、R子自身の成長もあってR子自身の性虐待を発見しました。そして娘の性虐待に対して「泣き寝入りはしない」と決意して、警察に告訴しています。このようなR子が示したような勇気をとおして社会は性虐待を発見できるのです。

ハーマンの功績は、フェミニズム運動を社会的に位置づけて評価した点でしょう。とくに児童の性虐待の問題の発見をハーマンは高く評価しています。女性に対するレイプなどの性暴力と児童の家庭における性虐待の問題の提議は、たしかにフェミニストらの活動のなかから生まれ、そして人権回復をもとめた運動は国際的な活動の輪を広げていきました。*

その反面、性暴力問題と性虐待問題の間に空白が生まれたことはあまり知られていないと思いま

＊　フェミニストの活動に関して斎藤は『父-娘　近親姦』の「児童期性的虐待の研究と治療に関する日本の現状」で、わが国の虐待への取り組みを振りかえっている。そのなかで「われわれの社会にかけているもの」としてハーマンらの社会変革を目指したフェミニズム運動の成果を述べている。三三三-三六〇頁を参照。

す。たとえば中学生同士の性行為をどのように判断し対処していくか。これは警察署が扱う性犯罪の事件なのか、児童相談所が扱う性非行問題なのか、法律で取り締まることになじまない健全育成の問題なのか、性教育上の問題なのか、人権上の問題なのか、それとも単に親のしつけの問題なのか。答えはいく通りも考えられ、現場には混乱が生じています。加えて加害者の少年が学齢期であることが問題をさらに複雑にしています。

たとえばP子の場合は、中学生の遊び仲間との間に発生した性虐待ですが、その場合の社会的な対応はどうなるのでしょうか。P子が仮に被害届けを出したら、現状だと性虐待を行った遊び仲間の数人が補導されることになりますが、それはP子にとっての人権回復になるのでしょうか。もし加害男子をP子が刑事告発したならば、P子はどのような人生をその後に送ったでしょうか。

そのあとP子がその地域で結婚して生活していくことができたでしょうか。P子の家族はどのような社会的な影響を受ける可能性があったでしょうか。P子には発達障害の同胞がいました。その同胞は変わらずに地域の福祉サービスを受けることができたでしょうか。

また、加害少年の保護の観点からすれば、少年たちは未成年であり社会的な保護の対象となります。少年たちは地域生活のなかで更正する機会をどのように保障されるでしょうか。そうした問題も看過できないのです。

P子の事例をふりかえると、筆者は「泣き寝入りはしない」というフェミニズム運動の限界を感じることがあります。確かにフェミニズム活動はたくさんの功績を残しましたが、時代が変わり社会のありようも変化したなかで「他者から女子への性虐待」の対応を考えるときに、その理論一つでは対応しきれなくなっている現実があると感じています。

2 「他者から女子への性虐待」の定義

北山は「性的搾取および性的虐待被害児童の実態把握および対策に関する研究」をまとめています。その報告の第1章は子どもの性虐待の実態調査です。調査は二ヵ所で実施されました。ひとつは八二人の女子受刑者、もうひとつが七二四人の民間アルコール症専門病院の入院患者です。三年に渡る調査は父親や兄からの家庭内性虐待、他者による性的暴力、子ども買春など性虐待のすべての実態を把握する目的で実施されました。いままでそうした大規模の調査はなかっただけに関係者の期待は熱かったといえましょう。

北山らの報告はわが国の性虐待の周辺の諸問題を議論の遡上に乗せたという意味で意義が大きかったと思います。まず、①性虐待とはどのような行為を指すのか、②その行為は誰による誰に対しての行為なのか、③どこで何時行われるとその行為は性虐待になるのか、④だれに通告ないし発見されると性虐待になるのか、⑤どのような保護や援助を求めると性虐待になるのか、という五点に関して定義がないという現実を北山らは調査で明示したという功績があります。

しかしながら北山らが報告した児童の性虐待の実態のなかに、実父・実兄による家庭内の性虐待がレイプ（性暴力）と記載されています。また性虐待の被害者を性犯罪の被害者という呼称を用いて表現している箇所もあります。それらをみると、わが国の児童の性虐待をめぐる現状の課題が浮かび上がってくるように筆者は感じます。

課題は、③どこで何時行われるとその行為は性虐待になるのか、④誰に通告ないし発見されるとそれは性虐待になるのか、そして、⑤どのような保護や援助を求めるとそれは性虐待になるのか、ではないでしょうか。

たとえばS子は入所している施設の職員から性虐待を受けていました。施設の職員は親同等の監護の役割をもつ立場です。その場合、児童相談所の児童虐待の援助の対象となりますが、当該のS子は小学生でもあり、そうした手続きを知りませんでした。しかもS子自身が施設職員の行為の意味を理解できなかったのです。そこには、①性虐待はどのような行為をさすのか、②その行為は誰による誰に対しての行為なのか、という定義と教育上の課題があるといえましょう。

「他者から女子への性虐待」の問題に取り組む以前に、性虐待の定義をめぐる問題と、それらと並行して性虐待の社会的な周知の徹底の必要を感じるのです。そしてその前に、性虐待の発生した状況や条件で適用する法律が異なるという現法を見直し、子どもの保護を最優先した新法を検討する必要があると筆者は思います。

3　社会環境と「他者から女子への性虐待」

ゲイル・アバーバネルらの著書によれば「レイプは最も残酷な犯罪的暴力の形態の一つで死よりも

悪いといわれている」「レイプは女性の核心部分への暴行のみならず彼女の体のもっとも個人的で本質的な箇所への侵入行為といえる」と述べ、「レイプされたのは体だけでなく全人生なのです」と報告しています。

たとえばQ子とT子の事件を思い出してください。Q子もT子も事件後に不登校になり社会から身を引いていました。基本的人権として所与されている生活権や教育権を放棄して、自らの身体を傷つけ、そして自らの人生を傷つけて生活していました。Q子はまる二年も、事件を身内にも開示できずに苦しんでいました。T子の場合は母親に事件直後に開示しています。しかしのちに母親は口外することをT子に禁止しています。

性虐待を行ったT子の加害者はのちに逮捕されています。しかしQ子の犯人はまだみつかっていません。その犯人はさらに性犯罪をくり返している可能性があります。なによりも大事なことはそうした性犯罪を止めるための社会的な抑止力ですが、被害者が警察に届け出なくては警察署も動けないのです。

ちなみに犯罪白書の平成十二年度版によると性暴力の被害にあった女子のうち警察に届け出ない理由のトップは、それほど重大でない・損失がない（三七・〇%）、警察はなにもできない・証拠がない（二一・二%）、復讐などが恐ろしいからあえてしない（一四・八%）と記されています。そうした動きに対して弁護士の中野は、「女性に対する暴力は、女性に対する差別、固定的役割が存在する男性優位社会に構造的に発生する社会問題」と述べて「女性に対する暴力をなくすためには社会のなかにある女性に対する差別や、女性が自立して生きていくことを拒む壁を取り除かなくてはならない」として「暴力に泣き寝入りしないこと」と述べています。

社会的な取り組みは民間の活動団体に顕著です。性暴力センターのホームページでは「レイプとは何か」から「性暴力のトラウマに対する反応」「性暴力に関連した書籍」などを記したサイトを開設し、女性の暴力事件の撲滅を目指した広報活動を行っています。他に女性ライフサイクル研究所・ＣＣＡＰ・フェミニストカウンセリング等のホームページでも啓蒙・広報活動を行っています。

また当事者らの積極的な発言はわが国でも発信されつつあります。たとえば緑河らの著書の出版です。しかし当事者からの発言や広報・啓蒙活動もはじまって十年余りと日が浅く、国民に周知されるようになって五年程度であることを考えると、まだまだ十分とはいえない状況にあるといえるでしょう。

家庭裁判所の調査官である藤原は「幼児や学童の連れ去り事件が全国各地で多発した。誘拐して家族に身代金を要求するよりも、わいせつ目的、あるいは身近において支配したいという広い意味で性的な欲求を動機としたものが注目を集めている。犯罪報道は多くの人に恐怖を与え、防御の行動を促す。しかし、犯罪者と同じような心の傾向を持つ人には、その衝動を駆り立てて行動させる効果を生んでしまうようであり、それによって同時期に同種犯罪が繰りかえされることになる」と述べています。*

いっぽう科学警察研究所の小林は「小学生の性被害を防止するために」で一九八九年から一九九〇

年までに発生した幼少児（十二歳以下）対象のわいせつ目的誘拐事件五七件と一九九〇年中に発生した幼少児対象のわいせつ事件二一三件を対象として調査を行っている。被害者が小学生の事件が八七％を占めていると報告している。その中で加害者の代表的な特性として、社会的なスキルが低いこと、人とうまくつきあえない性格が指摘できるとしています。**

4　おわりに

「新しい世紀は子どもの世紀になるでしょう。子どもの権利が保障された時、道徳が完成するのです」。スウェーデンのエレン・ケイの言葉です。(16) 一九八九年の国連総会で「子どもの権利条約」が採択され、日本は一九九四年に批准しています。二〇〇〇年には児童虐待の防止等による法律が施行されています。児童の権利擁護に関しての社会的状況はここにきて大きな変化をとげているといえるでしょう。

＊（前頁）神戸家庭裁判所姫路支部、藤原正範は『性非行　二つのケース』で「弱者を対象とした犯罪は暴力団抗争などの硬派の犯罪が引き起こす不安感とはことなるやりきれなさを社会内に広める。そしてその犯罪者に対する世間の嫌悪感や憎しみは底知れないほど強い」と述べるも、二十七年間のケースファイルから性非行の二ケースを報告している。悪質な性犯罪が報道されるたびにどきっとして、気が重いともらしている。二二-二三頁。

＊＊　小学生が被害にあった性犯罪の加害者の特性は小林によると以下である。被疑者二七〇人すべて男性。二十代が二九％で一番多く、無職二四％、未婚で、性格は陰気・孤独・内向的と判断される者が半分を占めた、と報告している。八-一三頁を参照。

わが国の社会的なストレスは年を追うごとに高くなっています。性虐待の加害者になる可能性を持った人は今後も存在し続けていくでしょうし、事件の報道を見たがために犯罪へ駆り立てられる人も居なくなることはないでしょう。このような時代に、幼い子どもへの性暴力・性虐待事件の抑止をどうとらえ、考えていくべきでしょうか。

まず、人権侵害を許さないという立場からは、性虐待に対し今よりも厳しい刑事罰で対処する必要がある、という意見が出るかもしれません。さらに、人権を重視する立場からは、被害者となった傷ついた子どもたちに対する最大限の支援の必要性を叫ぶ人もいるかと思います。すべて正しいと思います。しかしそれで十分かというとそうではありません。まずなによりも、性虐待を受けた者が泣き寝入りをせずに済むように、被害者の人格・生活・プライバシーへ配慮する社会とシステムをつくる必要があるのではないでしょうか。

これからは、予防と防止以外にも、社会を変革していく積極的な活動が求められているのです。

第5章　女子への買春

はじめに

本章では子どもに対する商業的な性的搾取、とくに携帯電話のツーショットダイヤルやインターネット等の出会い系サイトに代表される、新しい通信手段を用いた「女子への買春」の類型化、事例の検討を行います。

平成十四年の全国紙の「小六女児が〈援交〉、高知で買春容疑で二人逮捕」のニュースに驚かれた読者は少なくなかったでしょう。記事によると「高知署は高知市内の小学六年生女児二人に金をわたして買春をしたとして、会社員ら二人の容疑者を児童売春禁止法などの疑いで逮捕した。女児は小学校内にある公衆電話や携帯電話からの伝言サービスに電話して、中学生と偽って買春を誘っていたとみられ、同署は女児二人を補導した」とあります。

この記事に驚いた方も大勢いたでしょうが、一方で、こうした事件が多発する可能性は事件の数年前から多くの専門家により発せられていました。一般市民のなかにも、いずれ買春が小学生にまで波及すると予測していた人がいたと思います。問題は、事件の予測がなされていながら、結局は未然に防ぐことが出来なかった点です。そして今もっとも危惧されるのは、こうした事件に到る可能性を秘めた膨大な数の予備群の存在です。小・中高生の女子のいる家庭では、次はわが子かと不安をつのらせている親が多数いると思われます。「自分の子がネットや携帯電話を用いて援助交際などの行動に走ったときに、それを止めることができるのだろうか？」と不安に思っている親は多いことでしょう。

しかし、いくら不安に思ったところで、他者が親に代わって解決できることは決して多くありません。行政を頼りにしたいと思う親は多いのですが、そもそも性の問題は、行政が規制したり監視したりすることに限界のある領域なのです。

エイズを含む性感染症の蔓延。妊娠や堕胎にともなう母体のリスク。最悪の場合、強姦や殺人事件など凶悪な事件に巻き込まれる可能性もあります。

当事者である子どもは子どもであるがゆえに、そのリスクを十分に理解しておらず、自分は大丈夫と楽観し、遊び感覚で売春しています。友達もしているから、簡単に金が入手できるから、自分の体だから何をしても勝手だ、とリスクを否認する条件も整っているといえます。さらに問題なのは、子どもの無知に乗じて買春をする大人が多数、存在していることです。その大人たちは子どもの人権を搾取していることに気づいてさえいません。

さまざまな法整備が進んで、子ども買春は以前よりも厳罰化しましたが、それでもその件数は年々増加しています。買春するほうも売春するほうも減らないのです。子どもの虐待に関しては、関係者の賢明な努力のかいがあり、わが国の社会的な理解は進みました。子ども虐待のなかに性的虐待があることは、専門家だけでなく多くの国民が知るところとなりました。しかし性的虐待のなかに子ども買春を位置づけ、売春した子どもを保護する対象として認知している専門家はそう多くないと思われます。いったいどうしてなのでしょうか。

「子ども買春」は売春する子どもの問題であって、性犯罪や性非行として対処する対象であると、考える人は専門家のなかにも少なくないのです。好きで売春をしているのだから保護を必要としない、と考えているのでしょう。援助の専門家にも理解が不十分な状況や、また専門家間の意見の不一致がみられるのです。この背景には、買春の被害者である子どもを保護の対象とする理由が研究者によって十分に説明されてこなかったという経緯があります。

本章の進行は、①女子への買春の実態と研究の概要、②五事例の検討、③類型、④考察・まとめです。なお近年、子ども買春は商業的性的搾取と呼ばれることが多いようです。ほかに子どもの性的乱用、性的加害などと呼ばれることもあります。かつては一括して性犯罪ないし性非行と呼ばれていたこともありました。それぞれの呼称は子どもの性虐待の歴史を物語っていますが、ここでは「女子への買春」と表現します。

内容は子どもの商業的性的搾取です。なお商業的性的搾取は子ども買春やポルノなどの性的な被害を総称するようですが、今回の報告は前者に限定してあり子どもポルノそのものを本書で論じないことを断っておきます。

第１節「女子への買春」の実態と研究の概要

ここでは「女子への買春」の実態を調べ研究の概要を述べます。目的は現代の「女子への買春」の問題と課題を明らかにすることで女子への性虐待の対策を検討するためです。

1　実態に関して

「面識のない異性との一時の性的好奇心を満たすために交際を希望する者に会話の機会を提供する」。改正風俗営業法はテレクラをこう説明しています。兵庫県の中国自動車道で手錠をかけられた中学一年の女子生徒が遺体でみつかった事件では、携帯電話が容疑者の公立中学の教諭と被害者とを引き合わせました。改正風俗営業法で規定したとおりに起きた悲しい事件です」と全国紙は報じました。この事件も記憶に新しいでしょう。

この全国紙の社説では「親は子に一人で盛り場に行ってはいけない、夜遅くまで遊んではいけないなどと注意してきました。だが、携帯電話は時間や空間の隔たりを越えてしまう」とし、「子どもに携帯電話を買い与える時に便利さの裏にあるリスクをしっかりと教える必要がある。いけない使い方ややってはいけないことを自覚させるのは〈携帯以前〉のしつけであり、教育であろう」と結んでいます。

インターネットに子ども買春や援助交際を誘うような書き込みを罰する「出会い系サイト規制法」が平成十五年九月十三日に施行されました。その法は異性紹介業社を利用して十八歳未満の子どもに性交渉などをもちかけたり、子どもが相手を募ったりすることを禁じています。

金銭を払っての交際のもちかけを禁止しているのです。違反者には百万円以下の罰金が科せられます。買春や援助交際を誘うような書きこみをすると罰せられるようになったのです。しかしながらその後も、出会い系サイトをめぐる子どもの性的な被害はあとを絶たず、また援助交際を求める子どももあとを絶たないといえます。

第一章でも述べたように警視庁の調査では「児童買春・児童ポルノ法」違反の被害で保護した小・中学生は平成十四年度は一、三〇〇人余りです。その数は三年前の二倍に急増しています。インターネット上の異性間のであいの場を提供する電子掲示板、チャットなどのいわゆる出会い系サイトが関与した事件で保護された児童は約一、三〇〇人で、前年の三倍近くの増加を示しています。また金銭のやりとりのない青少年保護育成条例違反、強制わいせつの事件の被害者も急増しています。

それと平行して、厚生労働省の調べでは「児童虐待」で子どもが被害者となる犯罪の発生件数は一貫して増加を続け、特に性的虐待の件数は八二〇件で過去最高の件数を示しました。しかし数値は氷山の一角に過ぎないとした指摘があることは読者もご存じの通りです。

性虐待の被害者の心理的外傷は甚大なものがあります。第二章で、父親による女子への性的虐待の三十六自験例の分析を行いましたが、個々の被害者の心身への影響は筆舌に尽くしがたいものがありました。性虐待から受けた心の傷は時間が経過したからといって軽減するものではなく、むしろ時間の経過とともに心の病として生活に重大な影響を与えていく場合が多いことが判明したのです。ちょうど慰安婦問題に象徴されるようにです。

2　「女子への買春」の研究の概要

女子への買春は、今までに取りあげてきた性虐待とは異なった点があります。被害にあった女子の多くは、自分らが「性虐待の被害者」だとは思っていないのです。ですので買春の被害にあった女子に対しては、既存の援助の理論と構図がなじみません。

研究論文の動きをみると一九九六年から登録が開始されていて、その以前はゼロになっています。子ども買春に関する論文は一九九六年以前は性非行・性犯罪などの論文のなかでカウントされていたと思われます。

執筆者の専門分野をみると、執筆者の多くは司法関係で、次に社会学・教育学・福祉学・心理学と続いています。研究の内容を大きく分けると、①子ども買春問題と人権に関する領域、②子ども買春と教育に関する領域、③子ども買春と健康に関する領域となります。

そのなかで特筆すべき動きは「子ども買春と性の自己決定」でしょう。「性の自己決定」に関しては論文だけでなく関連書籍の出版も相次いでいるようです。わが国において売春と性の自己決定の論争は一九八〇年代からみられたましが、一九九二に出版された江原由美子編の『フェミニズムの主張』のなかの第一章の橋爪の「売春のどこがわるい」には多くの読者がショックを受けたのではないでしょうか。[2] 江原は上野千鶴子らと並んでわが国のフェミニズム運動を牽引している一人といえるでしょう。[1]

次に一九九八年には宮台らの『性の自己決定原論 援助交際・売買春 子どもの性』が出版されました。[5] 宮台は一九九六年に『淫行条例十三の疑問 少女買春はなくせるのか』を性の権利フォーラム編著で出版しています。[4] 宮台らは現在も子ども買春という範囲に収まらず「性の自己決定」の論を精力的に展開しています。

それら関連した動きはセクシュアリティやジェンダー・イデオロギー論などの幅広い領域にもみられます。渡辺の『女性・暴力・人権』は重版を重ねた名著です。[7] 渡辺は一九九四年の時点でいまなぜ女性の人権なのかを国際的な動きを押さえながら、わが国の人権問題に取り組んでいます。また一九九九年に杉田は『男権主義的セクシュアリティ ポルノ・売春擁護論批判』を出版しています。[3] そうした出版の動きは現在も続いています。

邦訳の代表はやはりロジャー・J・R・レヴェスクの『子どもの性的虐待と国際人権』[6] でしょう。著者レヴェスクはインディアナ大学の刑事司法学科の助教授であり、これまでも子どもの虐待に関する論文を多数発表しているようです。本著でレヴェスクは子どもの性的虐待、特に商業的性的搾取に関する国際的で全般的な動きを紹介しながら、子どもの権利をどのように保護するのか、国際法の再構築の必要を説きながら論じています。本著は萩原により邦訳出版されましたが、本著の出版により子どもの性虐待という概念が大きく前進したと筆者は思っています。

3　まとめ

大雑把ですが、以上が女子への買春の実態と研究の概要です。女子への買春は他の子どもの性虐待の問題とは異なる大きな特徴があります。それは古くて新しい問題（売娼・からゆきさんから援助交際までの長い歴史がある）がある点と、新しい特徴となる要素（たとえばテレクラやネット買春など）がある点と、国際的な動き（児童の商業的性的搾取に関する世界会議など）の要素が、複雑に交差する問題であるという点です。

新しい通信手段をめぐる商業的な流れと、人権に関する世界的な流れと、現存する家父長制度や男権主義的な歴史的な世相などが複雑にからみあって、現代のわが国の女子への買春の問題が形成されているとみるのは筆者ばかりではないでしょう。いつの時代でも社会の鏡は子どもの問題を映し出しますが、それはとりもなおさず鏡を持っている大人側の問題なのです。

それでは古くて新しい性虐待の問題「女子への買春」は現実にどのような様相を示しているのでしょうか。ここでまずは五事例の現実を報告することにしましょう。

第2節　事　例

ここでは筆者が実際に関わった五つの事例を見ていきます。中学生が四人、小学生が一人です。そのうちの三人は携帯電話やインターネット等の異性紹介事業所を利用、一人は出会い系サイトを利用、一人は業社を通さず携帯電話を用いて買春をしていました。なお対象を特定できないようにするため事例の表記には修正が加えられています。

【事例1】　U子、十三歳

U子の両親は同じ大学で知りあい結婚しました。父は大企業のサラリーマンでしたが、四十歳を目前に転職し自営業を始めました。しかし折しもの金融不安が重なり、経営が悪化していました。U子の兄は高校の受験の渦中で、母は塾の送り迎えに奔走していました。

U子の問題行動は小学校のころからみられました。スーパーの菓子の万引きからはじまり、中学校の頃は地元の警察署で名前を覚えられるほどになりました。しかし家庭内でU子は、母に反抗したり困らせることはありませんでした。むしろ真面目で几帳面な性格で、母には良い子だったそうです。成績が優秀だったため、U子は私立中学に推薦で入学を決めました。

U子が外泊を始めたのは中二の二学期からです。U子は母には友達の家に泊まると電話して、都心のウイークリーマンションに部屋を取りました。そしてツーショットダイアルで知りあった男と一夜を過ごし、もらった金で貴金属や化粧品を買いました。買ったものの一部は同級生にあたえました。そのうちにマンションは同級生らのたまり場になっていきました。中学二年の夏には、そうした行為がエスカレートしてマンションに複数の男と同級生が溜まるようになりました。同級生の親の通報で中学はU子の行動を知ることになりました。また他の親の通報で警察署がU子のマンションに立ちいり捜査を行いました。両親が学校と警察署に呼ばれ、U子は退学処分となりました。

学校からの紹介で筆者のもとに来所したU子は母を前に不機嫌でした。そして「私が何をしようと勝手だ」と母に語り、「だいたい、あんたは母親らしいこともしてないじゃないか」と詰めよりました。そして、父から性虐待を受け続けていたことを、U子は初めて母に語ったのです。しかし母は「嘘をついている」と頑なに否定しU子の話を受けとめませんでした。帰宅後、U子は父から殴られました。その数日後、U子は家出し友達の家を転々としていましたが、のちに夜の町にたたずんでいるU子が同級生により確認されています。

【事例２】　V子、公立中学三年

父親は一年半前に病で急死。母親はパート職。二歳下に妹がいます。都市近郊のマンションで生活。当時は母親の愛人Y男が同居。妹は私立の小学校に通っていました。

Ｖ子は父親っ子でした。妹は母親に甘えるのが上手でしたがＶ子は母親に甘えられませんでした。母親もＶ子の接し方が分からなかったようです。妹は勉強ができて私立の小学校に合格できました。Ｖ子は受験で落ちてしまいました。そのような経過からＶ子は家で居場所をなくしたのです。

Ｖ子は外泊する理由を、ビジュアル系グループサウンドの追っかけをしていると母親に話しました。グループのライブが終了して、追っかけ同士で盛りあがるのが深夜で、最終電車に間にあわずカラオケ場で朝が来るのを待っていると、帰宅しない理由を話しました。母親はそのような生活でも学校に行ってくれてれば良い、とＶ子に話していたようです。しかしＶ子は次第に遅刻・早退をするようになりました。無断欠席もふえて、母親は学校から呼び出されました。母親はＶ子の学校での生活を知りませんでした。

担任は母親に親としての役目を果たすように促しました。怒った母親は帰宅後、Ｖ子の部屋に押しいりました。そこで母親は見知らぬ衣装をみつけました。高価なビジュアル系の衣装が部屋に吊してあったのです。衣装は数枚ありました。Ｖ子の小遣いで買えるものではありませんでした。母親は愕然としました。さらに母親は束になったライブの入場券の束をみつけました。母親はＶ子が良からぬ人々と交流を持っているのではないかと不安になりました。その時点で母親に伴われてＶ子は筆者のもとに来所しました。Ｖ子は横を向いて筆者とは話をしませんでした。

母親は帰宅したＶ子に問いただしました。Ｖ子は憮然とした表情で、無断で入室した母親をなじったそうです。V子はライブ場のマスターから紹介されて、複数の男と寝て金をもらい、衣装を買ったと話しました。マスターはテレクラの業者と関係があり、V子らに客を斡旋していたらしいのです。母親は憤りV子の携帯電話を取りあげました。するとV子は「どこが悪い」と母に反抗して「あんたと同じことをしてるだけだ」と声を荒げて言ったそうです。母親はV子をたたき、部屋に監禁しました。V子は家具を手当たりしだいに壊しました。翌朝、V子は母の監視をくぐりぬけて家出し、その後の行方は不明です。

【事例3】　W子、中学二年

父親は会社役員。母親は専業主婦、上に兄がいますが社会的引きこもりの状態。母親は神経症で治療を受けていました。両親は見合い結婚です。両親とも有名大学出身で裕福な家系であったそうです。順調に二子が生まれましたが、長男が病弱で何かと問題があったのに比して、妹のW子は元気で活発な子だったそうです。長男は中学から不登校で当時は家に閉じこもり気味でした。そのような家族の状況下で、W子が家族にとって希望の星だったそうです。

W子の家には秘密がありました。それは父親に愛人がいたことです。愛人と父親との関係は結婚前からあったそうです。両親はずっと別室で就寝していました。母親は父親に愛人がいることを結婚直後に知りました。その苦しみから逃れるために、母親はタバコや酒で憂さ晴らしをしていたそうです。

W子が急変したのは中学の二年になってからです。W子は塾通いを理由に母親から携帯電話を買ってもらいました。その携帯電話の伝言ダイヤルにW子はのめり込んだのです。塾での勉強の最中も気になり、メールをチェックせずにはいられませんでした。度重なる忠告にもかかわらずW子の行為は修まらず、ついに塾から退学させられました。

その数日後、W子はメル友と共にスーパーで集団万引きをしました。母親は警察から呼び出しを受けました。父親は携帯電話を取りあげW子を殴り、部屋に監禁して登校をさせなくなってしまいました。監禁生活が二週間になった頃、担任の家庭訪問があったためW子は監禁生活から解放されました。そしてW子は両親の隙をみて逃げだしたのです。

一週間後、両親は捜査願いを警察署に出しました。警察官は男（成人）の部屋に泊まりこんでいるW子を発見しました。奇跡的にW子は警察官により発見されたのです。W子はメル友仲間から紹介された男のアパートに転がり込んでいました。男は仕事に就いておらずパチンコや競馬にあけくれていました。

警察署で保護されたW子は両親を前に「何をしようと私の勝手だ、あんたらに指図されたくない」といいました。両親はW子の変わり様に絶句しました。父親は男に手切れ金を渡しました。男はW子と別れると父親に約束しました。しかしW子は両親の制止を振りきって、その後も男のアパートに入り浸りました。

【事例4】　X子、十一歳

X子の住まいはビルの屋上にありました。ビルの屋上からは繁華街とそれに続くオフィスビル群が見渡されました。家族は両親とX子の三人で、父親はビルの管理人だったそうです。父の管理するビルは雑居ビルで様々な企業の事務所が入っていました。父親はビルメインテナンスと防犯を担当していました。母親は父親を手伝いビル内の掃除などを担当していました。日中は夫婦が交代でビル管理を行っていました。

X子は小規模小学校に通っていました。統廃合が決まっていた小学校で同級生は二十人をきっていました。X子は大柄でしたが、どちらかといえば印象の薄い子だったそうです。ある日、小学校の担任らはX子の件で地元警察から連絡を受けました。X子が売春で補導されたというのです。担任は何かの間違いではないかと思いました。

担任は警察署でX子に対面したときに驚きました。今までみたこともない大人びた服装と化粧をしたX子がいたからです。担任はショックを受けてその場に凍りついたそうです。かけつけた母親もさすがにショックを隠せない様子だったようです。警察署の少年係はX子が携帯電話のツーショットダイアルを使用して男と交際し金銭をもらったと告げました。ホテルの通報から警察官が出口に張り込み、出てきたところを補導されたのでした。

X子の住まいはビルの屋上の仮設小屋でした。六畳二間にキッチンとトイレとお風呂がついていました。住居のそばにビルの給水塔と換気口があり、ゴーッと大きな音をたてていたそうです。担任は始めてX子の家のなかに入りました。通された部屋には多量の大人用のビデオとわいせつな雑誌が散乱していました。隣の部屋には布団が引きっぱなしになっていて、床には麺の空カップや焼酎の空き缶が転がり、X子の勉強の机のうえは衣服が山積みされていました。

X子が学校から帰るころは父親が休憩のために家にいて、X子にわいせつなビデオを見せると母親は述べたそうです。また母親はわいせつな画面が印刷された雑誌を担任にみせました。そのような雑誌が散乱した部屋でX子は生活していたのでした。

母親の話では両親の関係は悪く顔をあわせると激しいケンカになるそうです。そうしたこともあり母親はパチンコがやめられず、仕事以外はパチンコに行くそうです。X子には金を与えコンビニで弁当を買うように話すと母親は担任に話したようです。父親は酒を日中から飲んでいる、父親は酒のために仕事を転々としてきた、と母親は述べました。しかしその母親もアルコール臭かったことを担任は記録しています。

X子の担任が筆者のもとを訪れたのは、翌日のことでした。担任は混乱していました。X子が父親から性虐待を受けていたことを警察署で話したからでした。のちにX子は児童相談所の措置から児童養護施設に入所となりました。

【事例５】　Ｙ子、中学三年生

不登校で筆者のもとを訪れたＹ子は中三で、まだあどけなさが残っている少女でした。家族は専門職の父親と専業主婦の母親、音楽系の大学に目指して特訓中の姉の四家族。父親の社会的な立場から収入がよく、大きな一軒家を郊外に所有していました。父親の親族に代議士や大学教授がいる名門でした。母親も医者や学者が多い、地方の名門の出身でした。

Ｙ子は夜間に外出し早朝に帰宅する非行型の不登校でした。両親は困って筆者のもとに相談に来ていました。両親は運転手つきの自家用車で来所していました。Ｙ子は名門の付属中学に進学していましたが、筆者のもとに来る前に退学処分となり、地元の公立の中学校に所属していました。

両親は夜間に外出するＹ子の行動を約一年近くも知りませんでした。Ｙ子の部屋は二階にありましたが、Ｙ子はベランダから樋づたいに下におりて夜間に出歩き、早朝に樋伝いにベランダにあがり自室に戻っていました。夜間は仲間の溜まり場でシンナーなどを吸引して遊んでいたのだそうです。両親が知ることになったのはカラオケ場で仲間とシンナーを吸っている現場に警察官が侵入して補導されたことがきっかけだったそうです。

Ｙ子のシンナー歴は一年半になるそうです。Ｙ子によるとシンナーは手に入りにくいので接着剤やライターのガスなどを使用していたとのことでした。母親は「シンナーやボンドの空瓶やライターのガスボンベがみつかったときから気づいていた」と答えました。母親は押入に多量の空き瓶とボンベをみつけていました。それを聞いていた父親は母親を声高に責めだしました。両親は面接室で激しい言い争いを始めたのです。

Y子は精神科病院でシンナー中毒の入院治療を受けました。退院したY子は筆者のもとを訪ねて来ました。Y子は筆者に病院で知りあった男と同棲をすると話しました。男は十八歳で塗装工でした。仕事でシンナーに接する機会が多く中毒になったという事でした。Y子は男と生活をやり直したいと述べました。

筆者はY子の年齢からして同棲は早すぎるのではないかと考えていました。しかしY子によれば「勝手にすれば」と母親が述べ、父親は「好きにしろ」と述べたといいます。両親は反対しなかったのです。Y子は塗装工の男と生活を始めました。生活費は父親が銀行口座に振り込んだそうです。また男が塗装の仕事に戻って働きました。Y子に笑顔が戻りました。

しかし幸せは長く続きませんでした。塗装工がシンナーを再び吸い始めたからです。仕事のことで親方に注意されてむしゃくしゃしたことがきっかけだったそうです。結局、Y子もシンナーを吸い始め二人の生活は破綻しました。男は再入院となり、Y子は家に戻りました。

家では音大に合格をした姉がいました。姉は自宅でピアノのレッスンをしていました。そのピアノの音はY子の神経を逆撫でしました。ある日Y子は「うるさい」と姉に掴みかかったそうです。その場にいた母親は「あんたがうるさい、あんたが家から出ていけ」「あんたがいると家がこわれる」と叫んだそうです。完全にＹ子は家での居場所を失いました。翌日からＹ子は「立ちんぼ」を開始しました。まだ十六歳でした。

［まとめ］

五事例は筆者が公立の相談機関にいたころに、不登校の相談で対応した事例です。本人にも一～二回あっています。五事例は地元の警察署の青少年課と連携しました。五事例とも担任のすすめで筆者のもとに来所しました。Ｕ子・Ｖ子・Ｘ子・三人はツーショットダイアル等を利用、Ｗ子は伝言ダイアル、Ｙ子は業者を介さず立ちんぼをしながら知りあった男と携帯電話を用いながら売春を行っていました。

各事例に共通するのは、Ｘ子を除いて経済的には恵まれた家庭環境で育っている点です。またＸ子を除いて四事例は都市近郊の住宅地で生活していたため、生育環境や教育環境に問題になる項目は見あたりませんでした。むしろ親の学歴も高く、核家族できょうだいが一人いるという、現代日本の平均か或いはそれ以上の生活状況でした。

五家族ともそれぞれ現代の日本を象徴する問題を多数内包しているといえます。不況、リストラ、父親による女子への性虐待、受験、社会的引きこもり、癌による病死、不倫、家庭内離婚、不登校、更にアルコールなど薬物依存、神経症など一般的に現代の日本の社会病理や家族病理といわれている事柄が重複して観察されます。

その一方に、特徴となる家族関係も観察されます。それは五人の子どもと母との関係距離の問題で

表5－1　5家族の特徴

(1)	家族は現代社会の病理と家族の病理を複数抱えこんでいる。
(2)	母娘関係は関係の薄さ，脆弱さが観察される。
(3)	父娘関係は境界のなさ，易侵入性が観察される。
(4)	女子の対人関係の関係距離の不安定さが観察される。
(5)	女子および家族は問題に直面せず，否認・黙認・回避・逃避が観察される。

す。五人とも共通して母との関係が薄いといえます。Y子を除いた四人は共に長女であり、甘えることが上手ではないという共通項も観察されました。Y子は母親の期待に添えないという理由で、甘えること自体許されていませんでした。

父親との関係をみると五人とも父親っ子でその関係距離は密着していました。U子は性的な関係が生じるまで父親との関係は密着していました。V子は父親が病死してから家の中で居場所を失いました。W子は一見両親から愛されているように見えますが、W子が集団万引きをした時、父親は殴り二週間も監禁しました。この行為は、女子を自分とは別の人格を持つ者として扱っていないことの象徴といえるでしょう。

X子の父親は母親よりもX子を愛していて、その愛し方は父娘という関係を超えていたようです。Y子は父親から甘やかされて育っており、父親との関係は母親との関係を悪化させる要因になっていました。以上をまとめると五事例の家族の代表となる特徴は以下の五点です（表5－1）。

五点はオーバーラップしあいながら独特の家族関係というシステムを形成していると捉えることができましょう。次に筆者の女子の買春の類型を示します。

表５－２　女子への買春の４類型

１類	多世代から女子への買春	世代を超えて買春が繰り返されてきた女子の群である。家族病理が深刻で多くの場合は家族の住環境も劣悪である。家庭内には身体的・心理的虐待，ネグレクトや性的虐待も観察される。女子の多くは性産業などに引き込まれ薬物依存自殺企画などの問題行動を持つ傾向にある。
２類	性の虐待を経験した女子の買春	主に父親から性の虐待を経験しているかレイプなど他者からの性虐待を受けている女子もいる。女子は虐待から受けた心の傷と，買春で受けた傷を合わせ持っている。家族は崩壊の危機にあるか慢性的な機能不全状態である。しかし１類ほどの緊急で重篤で破壊的な状況ではない。
３類	旧態型　売春に至る理由がある	生活の為などのはっきりした理由がある。現在のわが国では経済的な理由から売春にいたる例は多くはない。しかし，親のアルコール依存や虐待などの理由から家出する女子は少なくない。そうした女子は援助交際やギャバクラなどで稼ぎ，その日暮らしをしている。
４類	現代型　売春にいたる理由がない	何となく型で，友達がしているから，簡単に金が手に入るからという理由で買春をする。買春に至らない膨大な予備群がある。家族関係に特徴があるが，どの家庭でも発生しうる。予後は家族の機能の程度による。未然防止を徹底したい群である。

第3節　女子への売春――類型

類型を示す前に断わっておきたいことがあります。筆者の臨床は教育・福祉の児童臨床であり、児童売春等は筆者の専門ではありません。よって、ここに示されているのは教育・福祉の臨床の経験と観点からまとめられた類型であり、そのことに留意して読み進めて下さい。現代の女子への買春は四つのタイプに分類できると考えられます（表5-2）。

1類は母親の代から買春を繰りかえしています。2類は過去に性虐待を経験しており、そのほとんどが実父からのものです。3類は旧態型と呼ぶことができますが、生活費のため等はっきりした理由を持って行動しています。一方の4類は現代型とでも呼ぶことができますが、動機がはっきりとしていません。いわば、「何となく」買春しているタイプです。

先述の事例でいえば、1類に該当するのはX子で、彼女は父親からの性虐待と児童ポルノ法違反の被害、母親からネグレクトを受けています。母親は買春をした過去を持ち、親か他者からの性虐待の犠牲者である可能性があります。2類にはU子が該当します。U子は父親から性虐待を受けていました。ちなみに中国自動車道で亡くなった被害女子は父親からの性虐待を受け、保護されて入所していた養護施設から一時帰宅していたときに援助交際から事件にあったそうです。

3類はV子が該当します。V子は家に居場所を失い、家出した後は買春をして生活をたてている可能性があります。四類に該当するのはY子です。Y子とV子の境遇は似ていますが、Y子の父親は少なくともY子を拒否している訳ではありませんでした。どこにも該当しないのがW子です。おそらくは3類と4類の間に漂っている買春の予備群と思われました。

1類と2類は親などからの性虐待をすでに経験しています。性虐待の被害者の行動特性として研究者などがたびたび報告している性化行動*が買春に発展したものと考えられます。しかし性虐待の被害にあったとしても、多世代から連鎖が見られるX子の場合と、多世代の連鎖がないU子の場合では状況が異なります。むろん前者のほうが重篤な症状を示している事は言うまでもありません。

しかし後者の場合であっても保護や援助が必要です。なぜなら女子は家族から見捨てられ、自暴自棄になって買春の被害にあい、その行動は自傷というより自殺行為に近いからです。実際、自殺企図や薬物依存や拒食などの重篤な行為障害をともなっている女子がほとんどですが、女子は人を信じていないので困窮を訴えず、相談になじまない傾向が強いのです。U子の場合も筆者の面接になじめずU子は筆者から顔をそむけたままでした。その傾向はV子とW子にもみられました。

3類は旧態型と呼ぶことができますが、経済的な理由から女子は買春の被害にあう場合が多いようです。最近のわが国ではめったにみられないといわれていますが、筆者の経験ではこの類に該当する

＊　性化行動　西澤は『子どもの虐待』のなかの子どもへの影響で性化行動を紹介しています。性虐待をうけた子どものなかには年齢的に不適切な性的関心や性的行為を示す者がいて、こうした特徴的な行動を性化行動と呼ぶ、と述べています。詳しくは一四七頁を参照して下さい。

女子は少なくはないようです。なぜなら家出した女子はその日の生活資金さえ事欠くからです。V子のようにひと晩の寝場所を確保するために買春をする女子は決して少なくないでしょう。

4類は家庭内の葛藤、とくに母子間の葛藤が顕著に観察されるタイプです。Y子が該当します。基本的に買春を選ぶ必然性が女子にはありませんが、しかし一方で、いつ買春に走っても不思議ではない危うさが女子にみられます。その意味でいえばW子も該当するといえるでしょう。

たとえばW子の場合、男の賭けごとの資金の調達のために明日にも売春をするかもしれません。男が組織の関係者であれば、近い将来W子は性産業にとりこまれる可能性があます。このような経路から買春に到り、のちに性産業に組み込まれるケースは少なくありません。

3類や4類は1類や2類に比べて、遊び感覚で行動しているように見え、問題としての深刻さは軽いように思われがちです。彼女たちの認識を変えれば売春を止めさせることができるにちがいない、と一般的に捉えられています。

しかしW子を例にとっても問題は簡単に解決しません。親の制止にもかかわらずW子は男の部屋に入り浸ることを止められなかったのです。親は金で問題の解決をしようとしましたが逆に金で問題を解決しようとした親のふるまいにW子は憤り、男のアパートに戻ってしまいました。

父の不倫、兄の引きこもり、母親の神経症などの問題を併せ持つ、W子のような家庭はわが国には相当数あるにちがいなく、W子と同じ経過をたどる可能性を持った女子が相当数いると思われます。それらの家族に属している女子は買春の被害にあう可能性が高いといえます。

ですからこの問題についての社会的な関心は高いに違いありません。対岸の火事といえない家族が相当数存在しているからではないでしょうか。1類や2類に該当する女子はそう多くないでしょうが、3類と4類に該当する女子は潜在的に相当な数にのぼるのではないかと筆者は重います。そして、そうした傾向は国際的な動きであるのかも知れません。

第4節　考　察

それでは次に事例と類型をふりかえって「女子への買春」の考察をしましょう。進行は、①女子への買春と用語の問題、②女子への買春と家族関係、③女子への買春と性の自己決定と述べ、最後にまとめを行います。

1　「女子への買春」と用語の問題

先にも述べたとおりに「女子への買春」はさまざまな呼称（用語）があります。筆者が数えただけでも十五以上ありました。どうしてこのように多様な呼称があるのでしょうか。多様な呼称は「女子への買春」の対策を検討をするときの妨げになることはないのでしょうか。その点に関して、先述のレヴェスクは『子どもの性的虐待と国際人権』で以下のように述べています。

「用語と強調点の違いは比較を複眼にするけれど、それでも有益である。性的虐待行為に関する用語と手法の違いは主に論者が強調したい観点と、手法の違いから存続する。たとえばある初期の論者は「性的暴行」や「性虐待」よりは「性的加害」の方を好んだ。加害への注目は物理的暴力の被害者という観点よりは子どものその年齢、素朴さ、および犯人との関係によって被害を受けることを強調した」と述べています。

レヴェスクはさまざまな呼称は性的虐待行為の複雑性がなせる技で、虐待行為に関する異なった発露と関心によるものであって、多様な見方を提供すると評価しているのです。そしてレヴェスクは性的虐待行為の国際的な動きは以下であると述べています。

①子どもの性を商業的に搾取、②強制婚などの歴史的な慣行としての性的利用、③家庭内と家庭外の性的虐待、です。レヴェスクはそれら三形態の性虐待は相互に関連していて、絶対的範疇というより分析上の戦術を提供しているものであると述べています。

たしかにさまざまな呼称は広範囲の臨床家・研究者の多様な視点と関心を反映しているといえますし、多様な視点は子どもの性虐待の福祉を考えるうえで有益なことである、と納得できます。しかし一点、筆者が理解できない点があります。性虐待を三つの形態で理解しようとするときの「商業的性的搾取」です。

「児童売春」という用語は長い間、性を売る娘が悪いという社会的な観点から用いられてきました。近年の人権思想の観点から「売春」という用語が批判をあびて「買春」という言葉にとって代わり、最近になって「児童買春」に代わって「子どもの商業的性的搾取」という用語が広汎に用いられるようになりました。この用語は、子どもの人権を尊重する意味合いが強く、もっとも適切であると一般的に思われているようです。この用語を用いることは国際的な動きでもあります。

しかしながら筆者はその呼称に疑問を抱きます。商業的性的搾取は、責任の所在を追い求めるという点においては児童売春や児童買春と同等であると考えるからです。この用語を使用しても、児童福祉の主旨である「女子」の保護と援助、個々の被害者への対応が強調されません。性を商売として利用する者を罰することに焦点を当てた呼称を否定するつもりはありませんが、保護し援助する対象としての女子の顔を忘れさせてしまうことを危惧しているのです。

「女子への買春」といってもひとりひとりの女子に顔があります。五事例をみても女子のひとりひとりの背景と事情が異なるのが分かって頂けたかと思います。被害者への援助は、その顔をひとつひとつ思い浮かべながら計画されるべきものであり、どの用語を採用するにしろ、実際には一括できない複雑さがあることに注意するべきでしょう。

2　「女子への買春」と家族関係

「女子への買春」の「女子」にも当然に家族があります。同居している、あるいは死別しているかはともかくですが。女子に家族はあります。女子への買春の対応を考えるときに、その女子の行動の背景にある家族の存在は大きいものがあります。五事例をとってみても、女子の行動の背景に家族からの影響が少なからず見られます。V子やX子のように、その家族でなかったら女子は買春という被害にあわなかった、と思える女子もいます。買春という行為を選ぶ背景に家族はどのような関係にあるのでしょうか。内山は*「警察で補導・保護された福祉犯被害女子少年を調査した結果、非行群の少年は一般群の高校生に比べて、暴力的虐待・ネグレクト・心理的虐待のいずれにおいても被虐待体験が多い。しかしながら非行形態別にみるとかなり差異が見られ、特に男子の凶悪粗暴と女子の福祉犯被害と薬物は虐待経験が多い。また性的虐待は福祉犯被害者に顕著であった。また虐待された少年の多くは二種類以上の虐待を経験していることが多く、両親それぞれから受けている者も少なくなかった。」と報告しています。

内山氏の調査によれば、母親が「他のきょうだいと比べる」（二九・五％）、「いらないから出て行け」と言う（二九・五％）、「生まれてこなければよかったのに」と言う（一七・二％）など心理的虐待を受けているといいます。そうした行動傾向は父親も同様でした。きょうだいと比べられる、いらないから出て行けといわれる、勝手にしろと言われた、などは五事例でも共通に見られました。

五事例は内山氏らの調査をなぞったことになります。よって、「女子への買春」の被害を経験している女子は、家庭で親から心理的虐待やネグレクトを経験している可能性が高いといえるでしょう。

筆者は「女子への買春」の被害にあった女子にたくさん面接したわけではありません。そもそもうした行動傾向をもつ女子は筆者の臨床の場（教育・福祉臨床）には来ない傾向にあります。来たと

＊ 内山绚子の「福祉犯被害者の被害体験に関する調査」平成一三年度厚生科学研究、北山ほか「性的搾取および性的虐待　被害児童の実態把握及び対策に関する研究」に詳しく記述されています。八二‐一〇九頁を参照して下さい。

しても顔を背けて座っているだけで、筆者が話しかけても返事すらしないこともあります。女子は共通して「何をしようと勝手だ」、そして「どうなろうとあんたに関係ない」と言います。筆者はそうした言葉のなかに、家族との関係に行き詰まってしまった女子の深い絶望を感じるのです。その絶望がゆえに女子は消極的な自殺行為として買春をしているのではないかとさえ思うことがあります。

3　「女子への買春」と性の自己決定

現在、国立国会図書館の雑誌記事検索であがってくる「性の自己決定」に関する論文数は二十五件でした。それら論文は司法・教育関係者による性教育に関する内容が大半です。内容は性の自己決定は子どもや女性のためになるのか、という議論です。

一般の書籍にも「性の自己決定」を扱ったものがあり、なかでも宮台の著書が目をひきます。宮台らの主張は上記の新聞記事に代表される米国の論争を反映したものと思われますが、「性の自己決定はひとびとの生き方の多様性を認めることにつながる」と主張しています。性の自己決定に関してはさまざまな意見がさまざまな領域から出されているようです。

本書においては、「小・中学校の女子の買春は性の自己決定の是非論をこえて保護の対象である」という考えを採用します。いろいろな視点があることを踏まえた上での、臨床の現場に携わる者としての意見として捉えて頂きたいと思います。

Y子の事例に即して話すと、彼女は筆者との面談で「本当は死んでしまいたい。親からあんたを産まなければよかった、と何度も言われた。自分なんか生きていないほうがいいんだ」と話していました。Y子は料理が趣味でしたが、その趣味が母親のカンにさわったようでキッチンから追い出されました。自室は西陽のあたる暑い部屋で、成績が悪いことを理由にクーラーをつけてもらえませんでした。父親は隠れてY子に金銭を手渡したりしていましたが、表だって母親に対抗しY子の身方になってくれることはありませんでした。

この様な環境で育ったY子がその後に夜の街をさまようことになるのが、果たして当人の自己決定の問題と言えるでしょうか。ちなみに前述の通り、Y子の家は物質・金銭的には日本の一般家庭よりもは裕福で、家から追い出されたわけでもありません。家族が壊れていたわけでも、両親による激しい暴力や虐待があったわけでもありません。

「自分を痛めつけて母親に仕返しをしている」「母親が悲しむ顔をみて、ざまあみろと思った」と証言する女子は多数います。「女子への買春」は「女子による女子への性虐待」という面があるといえます。つまり女子は自らの身体を誤用し性的に虐待しているのです。

よって「女子への買春」の被害者は二重の意味で保護され援助される必要があるといえます。一つには性虐待の被害者として、もうひとつは自殺企図をする女子としてです。

4　まとめ

「女子への買春」の被害者は家族との関係において、互いに傷つけあう独自なシステムを構築しています。女子は体を売って家族と距離をとることで精神の安定を確保していますが、反面、そのことが女子の安全をおびやかすものにしています。女子に、買春の被害を受けるような行為を選ばない選択肢が許されている点において、「女子への買春」は「女子から女子への性虐待」と呼ぶことができると考えます。

なお、「実は性の問題は生の問題であり、なおかつ〈子ども・青少年の問題〉は〈大人の問題〉である。青少年の問題どうするかの前に、生をどうするかが論じられなくてはならず、子どもをどうするかの前に大人をどうするかが論じられなくてはならない」（宮代）という論があるように、「女子への買春」は大人社会の問題でもあります。

被害に晒される者の多さ、潜在的予備軍の多さ、被害の度合いが深刻であり、社会問題における位置づけが被害者の支援を中心にしていない現状を考え合わせると、性虐待のなかでもっとも緊急で重大な問題であると言えるでしょう。

第6章
性虐待の発見と防止

読者は「岸和田事件*」を覚えているでしょうか。平成十六年三月三十日の全国紙に「岸和田事件〈非行型不登校と認識〉大阪府教委　中学校長ら処分」という見出しに驚かれた読者もいたにちがいありません。その記事の内容は、「岸和田市の中学生虐待事件で被害者の通っていた岸和田市立中学校が生徒を「遊び非行型不登校」と認識していたことが二十九日わかった。生徒は出歩いているという府立岸和田子ども家庭センター（児童相談所）の誤った報告を鵜呑みにしていた」として「府教委は校長と生徒指導教諭を対応不十分と同日づけで文書訓告に二年三年の担任二人を厳重注意にした」と報じていました。更に記事には「学校との連携やセンター内の意志疎通が不十分であった」として、「子ども家庭センター長と次長を同日づけで文書訓告に、家庭支援課長と担当

＊　平成十六年一月大阪府岸和田において、中学三年生の男子が両親から食事を与えられずに餓死寸前まで追い込まれた事件。発見当初、男子は身長一五五センチ、体重が二四キロであった。

主査を所属長注意とした」とあります。

学校関係者はこの記事をどのような思いで読まれたのでしょうか。知人の教員が「同じ中学の教員としてたまらない結果だなぁ」と、感想を述べていたのが印象的でした。大阪府は全国でも不登校の発生率が高いほうだといわれています。岸和田中も不登校の生徒が他にもいて、学校はその対応に追われていたのではないかとの情報もありました。大変な時代になったものです。不登校の対応だけでなく、虐待の発見と通告を学校の教員は課せられるようになったからです。

この記事により学校現場は、専門家と呼ばれる人ないし機関の報告をそのまま鵜呑みにできないという現実にショックを受けられたのではないでしょうか。虐待事件は変化が激しいため、見極めが専門家といえども困難な状況が多々あるのです。学校現場は専門家や専門機関に依存することなく独自の判断と行動を求められてきているといえそうです。

それでは第6章では、学校関係者による教室で性虐待の発見と防止について述べます。学校においての性虐待の予防活動は、一般的には警察署の広報室や民間の活動団体に依頼することが多いと思います。では学校生活のなかで教育関係者にできることはなにがあるのか、事例を元にした類型を見ていくことにしましょう。

進行は、第一節「性虐待の発見」、第二節「誰からの性虐待なのかを把握するポイント」、第三節「性虐待の予防活動」とします。

まずは性虐待の発見について説明しましょう。

第1節　性虐待の発見

父親・兄・他者からの性虐待と買春の被害者となった女子がみせる典型的な反応の態様を、社会参加、対人関係、症状の観点から分析します。性虐待を受けた女子は、教室と家庭の二つの環境でどのような振る舞いをし、それに対し家族はどのように反応しているのでしょうか。

1　教室における様子

（1）登校しなくなる。登校を渋り出す。登校していても遅刻や早退が多い。

（2）体育の授業に参加したがらない。参加しても体を硬くしている。特にボールを投げたり受けたりすることができない。肢体がばらばらになったような動きをする。

（3）音楽の授業に参加したがらない。参加しても以前のように音楽を楽しんだり声を出して歌ったりすることができない。苦痛の表情を浮かべている。

（4）美術の授業に参加したがらない。参加しても課題とは異なる内容の制作をする。制作物は乱雑に制作し、その制作の意図を本人は言わない。

（5）教科への取り組みが急に変化する。態度が散漫になり授業に集中しない。

（6）急激な成績低下ないし上昇。急にとりつかれたように勉強し始める女子もいる。

(7) 保健室や相談室に行きたがるが、その理由に関しては何も言わない。具合は悪そうに見える。
(8) 授業中に携帯電話の着信を非常に気にしている。休み時間に頻繁に通話している。
(9) 朝会などの集会で長期の起立が困難になる。
(10) 腹痛を訴える、「気持ちが悪い」と訴えることが多い。
(11) 健康診断を嫌がる。口の中に器具を入れることを拒否する。
(12) 運動会や合宿を嫌がる。
(13) 具合が悪い理由を言わない。
(14) 自慰行為をしている。

2 家庭訪問時の親の反応・親から聞く女子の家庭での様子

(1) 教員の訪問に対し、親は戸惑うか明らかに歓迎していない態度を示す。
(2) 親は教員が家の中を見る事を嫌がる。家での女子の様子を教員が見るのを嫌う。
(3) 教員は玄関から家の奥にはめったに入れない。玄関にも入れてもらえない家もある。その一方で状況を理解できずに女子に向かって何があったのか強く開示を求める親もいる。そうした親の多くは女子が問題であるという認識を持っている。
(4) 障子や襖の破れや壁の穴など家の中で争ったような跡がある。
(5) 家のなかが極端に乱雑か、極端に整理整頓されている場合。

（6）住環境が特殊な家庭。家が極端に狭く各人のプライバシーが保てない。逆に、増築を重ねて入り組んだ構造の建物のなかで、家族がバラバラに居住している場合もある。
（7）就寝の態様が年齢不相応。雑魚寝、父が娘と、兄が妹と寝ている、などの女子のプライバシーが侵されやすい特定の就寝形態。家庭のなかの就寝形態は住環境にあまり影響を受けず、家庭のメンバーがひとりひとりに自分の部屋を持っていても、就寝のときには一緒に寝る家庭があることに注意。
（8）年齢不相応の入浴習慣がある。父娘・兄娘の同時入浴。また家族が女子の着替え中に侵入する。あるいは、トイレバスがユニットになっている場合、入浴中にトイレを使用する等。
（9）入浴後に裸でうろつく。不用意に裸体を見せる習慣がある。
（10）親や家族の性交渉を目のあたりにしながら暮らしている家庭。
（11）わいせつなビデオや雑誌類、避妊具などが親の管理がなく放置されている家庭。
（12）親の教員に対する態度の急変。

3　教室における対人関係

（1）急に友達関係に変化が起こる。女子から友達を避け始め、接近させない。
（2）通常、女子が友達との会話に用いない言葉を発する。きゃらきゃら・ぱらぱらなどの異常な擬音を発する。
（3）対話中もそわそわ落ち着かず腰をひねっていたり上半身がゆらゆらしている。

(4) 教員に対する態度が変わる。急によそよそしくなったり、逆にべたべたし始める等。
(5) 化粧品や高価なアクセサリーを持ち歩き、教室内で友達に自慢する。
(6) 携帯電話への固執。携帯電話の電話番号を頻繁にかえる。逆に携帯電話を放棄してしまう場合もある。
(7) 友達の家を泊まり歩く。
(8) 友達の携帯電話に窮状を訴える。
(9) 対人関係が不安定になり問題が出てくる。クラスメイトからいじめられるようになったり、逆にいじめるようになる。

4　家族関係

(1) 母親が離婚ないし別居、あるいは身内の介護や夜勤等で母親が不在。あるいは病気でふせっているかそれと同等の状態にある。
(2) 父親が不規則な就労形態の仕事に就いているか、不定期な就労状況である。
(3) 両親の寝室が別々で関係が疎遠である。あるいは両親がべたべたしている。
(4) 家族内に不自然な密着がある。父娘・兄妹など。
(5) 家族内に強い対立と葛藤がある。父母・父兄・母娘など。あるいは嫁姑。
(6) 家族全員でとる食事がほとんどない。
(7) 家庭における女子の存在感が希薄。家族の期待を一身に受けるきょうだいがいる場合や、病気や問題などで親に注目されているきょうだいがいる。
(8) 失業や転職や勤務形態の変化等、親の仕事関係の変化がある。
(9) 親族関係でもめていることがある。実家同士の争い等。相続問題。
(10) 夫婦関係が悪い。互いの期待の不一致。親の浮気。
(11) 母親が精神科領域の疾患や障害を持っている。睡眠薬などを常用している。
(12) 家族の入院や葬式などのエピソード。家族の何らかの急激な変化。

5 教室で観察される症状

(1) そわそわしていて視線が泳いでいる。瞳を見開いている。
(2) 顔の表情が硬い。怒ったような表情をしている。あるいは泣き顔。
(3) 言葉が出ない。声が出ない。
(4) 体全体が棒のようになっていてバラバラの動きをする。あるいは動かない。
(5) つま先だって前のめりでヨロヨロと歩く。あるいは重く引きずるような足取り。
(6) トイレに頻回に行くかまったく行かない。水分を多量にとるかまったく飲まない。
(7) 首に擦傷痕や切傷痕がある。手首にカッターナイフで切った痕がある。
(8) 髪の毛がぼさぼさか、短く切るか、極端に脱色する。坊主頭にする女子もいる。
(9) 服を厚着するか急にだらしなく着用する。不潔か急に清潔恐怖になる。
(10) 拒食ないし過食。飲み込みがスムーズにできない。

(11) 男性教員の接近に反応する。身構えるかおびえる、あるいは性的な誘惑やそぶり。
(12) 授業中にたびたび熟睡している。

6 家庭で観察される症状

(1) 眠れないと訴えて夜を怖れる。あるいは日中寝ていて夜に寝ない。
(2) 精神不安を訴えて一人にしないでと母親に哀願する。あるいは家人の接近を嫌う。
(3) 食生活に異常が出る。好きな食材にも反応しなくなる。拒食か過食傾向。
(4) 死にたいと訴える。手首切傷や売薬の多量摂取や首つりなどの実行。
(5) 嘘が多くなる。嘘に嘘を重ねる生活になる。人格が変化したような印象になる。
(6) 胃腸の調子が悪い、頭痛がする、だるい、落ちこむなどの頻繁な訴えがある。
(7) 吹き出物がでて顔色も冴えない。あるいは上気している。
(8) 父親や兄の接近を恐がり、ものを投げたり刃物をふりかざしたりする。
(9) 就寝習慣や入浴習慣の変更を強行する。あるいは寝ない、風呂に入らないと主張。
(10) 外出が多くなり家出を実行するかそれ同然になる。あるいは家に閉じこもる。
(11) 頻会の自慰行為。急にはじまる自慰行為。
(12) 見知らぬ貴金属や服、多額の金銭を持っている。家出する。急に反抗的になる。

女子への虐待が実際にあった場合、これらの内の複数の項目が該当する場合もありますし、一つの際立った症状として表出する場合もあります。女子の生活態度に急激な変化が起こった場合には注意が必要と言えるでしょう。多くの場合、発見のきっかけは女子の日常をよく知っている教員が「普段と違う。なにか変だ」と気づくことから始まります。担任が異性である男性の場合は、小さいなサインの意味が理解できずに見落としてしまう可能性があるので注意が必要です。

女子の異常なサインを発見した場合、まずは女子を呼んでその真相を確認したくなるのが一般的な反応です。苦しんでいるのなら誰かに話すはずだ、相談したいはずだと考えるのはごく当然ですが、残念ながら「なにがあったの？」という教員の質問に対し、その原因を話すことのできる女子はごく少数です。開示しない理由は主に、羞恥心や罪悪感、話しても信じて貰えないという思い込み、開示した後に家族が傷つくことへの心配、などが挙げられます。あるいは人に話したことで相手から仕返しされることを怖れている場合もあるでしょう。話した内容が友達に知れて学校に来られなくなることをもっとも怖れる女子もいます。事前にさまざまなサインを出していたにもかかわらず、あるいはさまざまに訴えていたにもかかわらず教員がそれを受け止めていない場合は、女子の話すことへのためらいは強くなります。また加害者から口止めされている場合もあります。

警察への通告を含めた対策を検討する場合、家庭訪問等などの情報を加味しながら、複数の関係者と検討し、総合的に判断して学校としての対応を決定することになります。性虐待の可能性が濃厚と関係者が判断しても、女子や家族からの相談がなされないと、学校としては積極的に行動しづらい面があります。また複数の教員の合意を得て学校として意志を一つにまとめるまでのプロセスは、大変な困難が予想されます。

性虐待へのタブー意識をもつ教員は、その問題を公にすることへ強い難色を示すことがあります。女子のことを思う余りに問題を公表することを忌避する教員も少なくありません。きょうだいの扱いやクラス運営や保護者への説明などの問題を意識する余り、無為をすすめる教員もいます。

ですから最も大事なのは、事前の女子の日常を良く知っている人物が学校内にいること、教員間での女子への共通理解があることです。関係者が性虐待のハイリスクな女子をあらかじめ把握していて、女子の急激な変化に気づくことができればベストです。

女子個人の症状だけでなく家族の変化も重要な参考資料となります。性虐待のほとんどは顔見知りによる犯罪です。家族の状態の把握は加害者が誰なのかの見当をつけ、女子を危険からすみやかに保護するのに必要になります。また女子の回復の資源として家族がどの程度利用か判断する材料になります。

このように、女子への性虐待の早期発見は、学校関係者の情報共有と相互理解、関係諸機関の共通認識、ハイリスクな女子のリストアップと同時に、性虐待についての事前の研修や勉強会が必須となります。ハイリスクな女子のリストアップは、個人の守秘義務を尊重しながら、あくまでも最悪の事態を未然に防止する、あるいは早期発見のためであるという明確な目的のもとになされる必要があります。

第2節　事前と事後の女子の変化

性虐待には準備期間があるのは先に述べました。突発的に発生する場合は少なく、長期の周到な準備を経て実行される事例が多数を占めています。女子が性虐待の危険を感じて、教室内で救助のサインを出し、それが特異な行動となってあらわれることがあります。ここでは教室で出される女子の救助のサインを見極めて、可能な限り性虐待の発生を阻止し、未然防止に役立てたいと思います。まずは教室での女子の変化を四つの性虐待別に述べます。なお性虐待別に事前（虐待前）と事後（虐待後）を並記して女子の変化を分かりやすくしています。誰による性虐待なのかを関係者が把握する助けになることを期待します。加害者の特定ができた場合、通告を含めた早期対応がやりやすくなります。

1　教室における、性虐待の事前と事後の女子の変化

発生前、加害者が女子の顔見知りの場合、女子はそれを予期し、その緊張から精神不安を示している可能性があります[*]。顔見知りでなく偶然の要素が強い場合は、女子が予兆することは稀ですが、誰

＊　性虐待の予兆を感じとる能力に関してビッキーらが詳しく述べている。ジェームス・M『児童虐待の発見と防止』のなかのパーソナルセーフティ、一〇九頁を参照。

か知らない人につけられているなどと女子が教員に訴えることがあります。こうした訴えを聞き逃してしまうと、ハーマンの言う「ふるい落とされてしまう」現象が起きますので、性虐待が身近な、いつでも起こりうる問題であることを意識して頂きたいと思います。*

発生後ははっきりとした変化があります。女子は教員が理解できない急激な変化を示します。同級生も理解できずに女子の周囲の人間は混乱することになるでしょう。多くの女子は後日、登校しなくなります。

教室で女子の見せる変化に性虐待の発生を感じとった場合、緊急に保護が必要かの判断をするため相手が誰なのかを早急に把握する必要があります。ただ、いきなり女子を呼びだして面接をするといったことはしないほうが良いでしょう。まずは女子の様子から判断することを勧めます。最初に女子に直接聞いて確かめる方法をとるのは最善とはいえません。本書でこれまでに示された女子の変化を分析して、性虐待の可能性が高いかどうか判断してください。その際、関係者の意見を聞くことは大切です。

慎重に判断して、「何かしらの出来事があったことは間違いない、虐待かどうか確かめる必要がある」と判断したら女子を呼んで面接をすることになります。その女子との面接の方法に関しては後述することにします。まずは性虐待事前と事後を並記して加害者が誰なのかを把握するためのポイント

＊　ふるい落とし現象に関してハーマンは『心的外傷と回復』のなかで何回か述べている。北山らの報告のなかにも何回か記述をみることができる。性虐待のふるい落とし現象に言及した記述はほかにも枚挙の暇がないといえよう。

を示します。いずれにしても女子の急激な好ましくない変化の原因を確かめなくてはなりません。

A　父親からの性虐待

a　父親からの性虐待　1類

[事　前]　女子の印象は、まじめに授業に参加する。友達とほとんど交遊せずに教室内で孤立している。登下校時もほとんど一人でいる。家庭訪問時に閉鎖的な雰囲気を教員が感じることがある。虐待前は孤立と閉鎖的な印象をさらに強め、その後に断続的な不登校状況になる。だが女子や家族からめったに救助を求めることはない。場面緘黙や対人恐怖症状、不安神経症のような症状を持つ女子もいる。両親の人当たりが非常に硬いように感じられる。

[事　後]　断続的な不登校の後に完全な不登校になる。親からは「体調が悪いので休みます」と連絡があるも、その後に連絡がない場合が多い。教員が家庭訪問しても玄関に入れて貰えず、入れて貰えても女子との面会ができない。この場合、神経症的な不登校、あるいは家庭が問題の不登校と判断する教員が多い。教室では目立たない普通の生徒であるため、それ以外の理由に思い当たらないからである。女子は長期の引きこもりの後に精神障害から入院する場合がある。きょうだいは多くの場合、不登校になる。この段階で相談に来る親が稀にいる。

b　父親からの性虐待　2類

[事　前]　1類より友達との交遊は活発で授業の参加態度も良好。しかし教室での女子の状態は不安定で波が見受けられる。理由としては家庭内の人間関係が不安定で、特に母親の情緒が一定でないことの影響が大きいと思われる。女子は積極的に委員などを引き受けたかと思うと、何かのきっかけでふさぎこみ、対人関係を壊したりする破壊的な傾向がある。感情と同様に成績にも波があり、さまざまな問題を教員に訴えることが多い。事前に相談室や保健室の女性担当者に相談に行く傾向がある。しかし、相談内容を取り消したり変更したりするため、援助者との関係が不安定になる場合もある。

[事　後]　教室における急激な変化を特徴とする。体育の授業は参加したがらないか、参加しても、体がばらばらな動きをして特に球技ができない等、妙な動きをする。音楽の授業に参加するのを嫌がり、参加しても、苦痛の表情を浮かべる。図画工作の授業で、課題とは異なる物を造るようになる。頻繁にトイレに行く、もしくはまったく行かなくなる。給食を食べない、もしくは猛烈に食べるなど、摂食に異常が見られる。非常に不安定な情緒を見せ、その影響で多数の友人を短期間に失う。ダイレクトに問題に関する質問をぶつけると、それに反応して話し出す女子も稀にいる。

c　父親からの虐待　3類

[事　前]　普通の生活を送る普通の女子児童で、両親が揃っていて妹か弟がいて長女の割合が多

い。女子と父親が恋人関係に近いほど仲が良い。母親の病気や母親の長期の不在など、家族内での変動が報告されることがある。性虐待の事前に見受けられる変化の態様は、つま先で歩く、うわずった声、視線が泳ぐ、視線があわない等。教員は女子と話していて、はっきりとでは無くても、妙な印象を受けることがある。遅刻・早退が増えて断続的な不登校の状態になるも、女子の方から学校関係者に相談することは稀。

［事　後］急激な変化が見受けられる。それまで普通に学校生活を楽しんでいた女子が突然に孤立する。硬い表情と血色をなくした顔。授業中にボーッとしていて集中しない。カッターナイフで手首を切るなどの自傷行為。周囲はただならぬ女子の変化に戸惑うことになる。体育・音楽の授業への参加を強く拒否するようになる。図画工作は参加しても課題を制作しない。体調が悪いと言って母親を呼び寄せる。保健室から帰らない。行動上の変化は多様である。多くの教員は、女子に対する深刻ないじめを疑うようである。

事前、事後に分けて記述しましたが、それぞれの性虐待の内容によって若干サインは異なり、また上記以外のサインも多々見受けられます。性化行動が顕著にみられる子もいます。さらにサインがまったく表出しない女子もいて、難しいところですが注意が必要です。

B　兄からの性虐待

ここでは「兄から女子への性虐待」の2類のA群とB群、そして3類の女子の変化を事前と事後に分けて述べます。１類を省いた理由は、被害者の発生数が非常に少ないと思われること、残りの類型の分析で対応できると思われるからです。３類は、内容の若干の違いはあるものの女子の症状は同じため、Ａ群とＢ群を分けずに解説してあります。

a　兄からの性虐待　２類Ａ群

［事　前］　不登校傾向のある女子が多い。家庭は、経済的な問題と親やきょうだいの問題など、多種類の問題を同時に抱えている場合が多い。親は疲弊しきっていて女子の不登校にかかわる余裕がない。しかし、ときどき出席する女子の教室における対人関係は良好で、悪びれた様子もなく教室にいて級友と交遊する。女子が兄を嫌っている場合が多く、兄との問題を教員らに話す。特に兄と同室で生活し寝ている女子は生活上のストレスを強く訴えることがある。帰宅したがらず、友達の家を転々とする場合がある。

［事　後］　多くが不登校となる。一度か二度、「体調不良で休む」などの連絡が親からあるが、その後は連絡が途絶える。教員が家庭訪問をしても両親が女子にあわせようとしない。稀に、女子の身体に殴打された痕がある。自殺を企図したと思われる、擦傷痕が見られる。稀に、携帯電話で友人に事の経緯を話している場合がある。近隣の住人が夜間の叫び声や不自然な騒音を耳にしている場合がある。民生児童委員や警察署が情報を持っていることがある。教員の多くは家庭が原因の不登校と認知している。

b　兄からの性虐待　2類B群

[事　前]　目立つことがない、どちらかというと内向的な性格の女子が多い。兄と同室で就寝するなど、不適切な習慣のある劣悪な環境で生活している。兄と同じ布団で寝ている場合が多い。事前の症状として授業に集中しない、頻繁にトイレに行く、腰をひねる、お漏らしをする、空虚でボーッとした様な表情等が見られる。多くの親は生活に汲々としているので女子の変化に気づかず、気づいても相談に来ない。

[事　後]　女子の多くは遅刻がちではあるが登校して来る。女子の体から異臭がする場合、態度にどこか異常である場合がある。その事でいじめの対象になることがある。家庭においては長湯やトイレに入ったきり出て来ないなどの異常が見受けられる。教室でのいじめ、家族の叱責などの要因が重なり、追いつめられると不登校になる。教員が家庭訪問すると部屋の隅でおびえていることがある。女子の多くは抑鬱状態を呈し、その後は長期の引きこもりになる可能性がある。親が就寝する部屋を変更するなど、居住空間・生活を変化させると症状が改善する場合がある。

c　兄からの性虐待　3類A群・3類B群

[事　前]　女子は兄と仲が良く、兄のファンである。女子の世界の大半は兄によって占められ、常に兄と連絡しあい情報を共有しあっている。兄と二人で写ったの写真を持ち歩き、教室で自慢げに見せる。このような事例の場合、仲良しの兄妹であることが教室でも噂に

なっており、教員もその事を知っている可能性が高い。兄はスポーツなどの花形選手ないし名門校の学生であり、体力・学力において優秀な人物であることが多い。事前の兆候として、女子の態度に変化が見られるのは、兄妹の関係が恋仲に発展する時である。事前の兆候としては、態度が落ち着かなくなり、情緒不安定になる。友達との交友を避け、興奮して瞳がすわっているように見える、などがある。

［事　後］　はっきりとした変化が起こる。以前のように兄の自慢をしなくなり、兄の話題を避けるようになり、携帯電話でも兄の着信を忌避し帰宅を嫌がるようになる。潔癖症や対人恐怖の症状を示す女子もいる。病院では神経症ないし自律神経失調症またはパニック障害と診断される場合がある。女子は兄から性虐待を学校の教員に話すことはめったにないが、学校外の相談所を紹介すると稀に相談しに行く女子がいる。多くの両親はその事実を知らず、また知っても否認し女子を強く責めることが多い。その結果、女子が家出をする事態になることがある。多くの女子は強い精神症状を示す。

兄からの性虐待を受けた女子の多くは断続的な不登校から長期の不登校に移行します。その後に心身に変調をきたし、精神障害などの深刻な後遺症が発現する場合があります。

C　他者からの性虐待

1類を省いた理由は、被害女子の発現が数として非常に少ないからです。3類のA群とB群は虐待の発生の条件が若干ことなりますが、女子の症状は同じである場合が多いため、分けずに解説してあります。

教室において、2類A群に属する女子は非行傾向を持つ生徒と認識されている場合が多いようです。2類B群のなかには、「気になる人物が家の周辺にいる」と不安を教員に漏らす女子がいます。3類はまったく予兆がない場合が多いようです。しかし稀に「つけられているようだ」「待ち伏せされているようだ」「変な人から声をかけられた」と訴える女子もいます。事後、教員が女子の行動をどう捉えるかに関しては、2類A群の場合は非行からの不登校、2類B群は心身症からの不登校になったと理解する事が多いようです。3類の場合、女子のその急激な変化の理由を理解できない教員が多いようです。

a　他者からの性虐待　2類A群

［事　前］　女子は非行傾向をもった生徒で親子関係は希薄である場合が多い。教室では教員との関係が悪く、授業に参加しない。仲間と集団で学校を離脱するなど、学校生活に適応していない者が多い。他に、眉を細くする、化粧をする、隠れてタバコをふかす、校内に着替えを入れたバッグを持参している、集団万引きをする、などの行動が見られる。事前の症状を学校内で観察することは非常に難しく、女子の仲間から女子の行動に関する情報が入ることも稀である。女子本人及び親からの相談はほとんどない。

［事　後］　特定の個人やカラオケなどのたまり場に出入りし、他者から性虐待を受けることになる場合が多い。長期的には幾つかのパターンに分かれるが、一年未満のスパンで捉えた場合、大多数の女子の生活は荒れる。登校しなくなり、外泊を繰り返す、万引や窃盗から警察に補導される、薬物に依存する、などの行動が頻繁に見られるようになる。多くの場合これらのサインは問題行動として認識されても、性虐待からの救出を求めるサインとは受け取られない。教員が女子の症状と向き合い、積極的に関わった場合は、女子から教員に性虐待があった事実を話す場合が少なくない。

b　他者からの性虐待　2類B群

［事　前］　家族の敷地内、あるいは家屋内に加害者となりうる危険人物がおり、関係者の配慮が足らずに女子への性虐待が発生してしまうケース。加害者は親の仕事に関係する人物か、知人ないし親戚であり、女子の生活パターンを知っていて、性虐待を実行する機会を狙っている。危険性を事前に察知した女子が、親・友達・教員などに保護を求める場合がある。しかし、保護を求められた側が「まさか」という思いにとらわれて未然防止策をとらない傾向にある。女子が危険性を察知している場合、帰宅したがらない、母親から一時も離れない、情緒不安定、心身症、などの症状が見られる。これらの症状を不可解に思った親が、教員に相談に来る場合がある。

［事　後］　心身症の発症、帰宅を望まずに保健室で時間を費やす、おびえていて接近すると身構

えるなどの症状が見受けられる。教員は何かの事件に女子が巻き込まれたかと考える。親へ問い合わせてもその多くの親は性虐待が起きた事に気づいていないか、知っていても事実を否認してしまい、教員に話すことは非常に稀である。女子は重い自家中毒、自律神経失調症、仮面鬱病等を発症する場合がある。心身症の顕在化の過程で、親から教員に相談に来る場合がある。

c　他者からの性虐待　3類A群、3類B群

[事　前]　被害を受けた女子は、一般的にはレイプの被害者と呼ばれている。そもそも加害者は身近な人物ではなく、女子は狙われていることを知り得ないため、教室において女子の事前の行動に特記するエピソードはない。ごく少数のケースで、「特定の男につけられている」「待ち伏せされているようだ」と教員に訴える女子が存在するのみである。起きる場所は繁華街、田園、山間部、自宅周辺とまちまちで特定することができない。加害者は女子の生活周辺で機会を狙っている可能性があり、女子から「なにか変な人がいる」という訴えがあった場合、注意が必要である。

[事　後]　女子の態度に大きな変化があらわれる。翌日から数日は登校してくるケースが多い。ふわふわとした歩き方、又は妙に硬い歩き方など、歩行に異常が見られる。人との対話を避けるようになる。女子の状態に違和感を感じ、教員に通報する友人が出てくる。後に多くの女子は長期の不登校になり不登校が開始されると女子の状態は一気に悪化し

て、教員や友達が訪問しても会うことが出来なくなる。硬い表情、人に対して身構えるようになり、女子の人格が変わってしまったような印象を受ける。症状の経過は女子により異なるが、その多くは長期の後遺症に苦しむことになる。

D　女子への買春

「女子への買春」の類型のうちの2類、3類、4類の事前と事後の女子の教室における変化を見ていきましょう。1類を省いた理由は、被害女子の数がごく少数であること、他の類への対処法でカバーできると思われるからです。

買春の被害を受ける女子の多くが学校生活に価値をおいていないように見えます。他の性虐待の被害の女子とは異なっている点であり、そのため教員との接触の機会が少なく、関係が薄いと言えます。しかし女子の多くは教員との関係を求めています。ただ女子の多くは適切な表現をしないため教員は誤解をしてしまうことがしばしばあるようです。教員からみれば女子はすべて非行型の不登校をしているようにみえるでしょう。表面的な印象と女子の内実は異なっています。

a　女子への買春　2類

［事　前］　女子はめったに教室にいないので、教員は接した回数が非常に少ない。女子は学校や友人にまったくと言ってよいほど価値をおいていない傾向にある。小学校の高学年から

大人びた服装をして、遅刻や早退をしても悪びれずに繰り返す。両親が家に不在か、保護者としての役割を果たしていない。親は学校の連絡や指導にのらず教員の働きかけを無視する。女子に携帯電話や金銭を与え、調理をせずにコンビニの弁当を食事代わりにさせる親がいる。教員が女子の動向を知るのは警察署からの通報である場合が多い。

[事　後]　事後の女子の動向を知ることが出来る教員は少ない。多くの女子は施設に収容され、学籍が移動することになる。事件発覚後、親が住居を変える場合が多い。施設に収容されないで自宅で保護される女子の多くは、その後に家出ないし自殺企図や薬物依存から入院という経路をたどる。女子は、自分に積極的にかかわりを持とうとする教師には心を開き相談することがある。

b　女子への買春　3類

[事　前]　3類の特徴は買春の被害に到る理由を女子自身が持っていることである。家で虐待や性虐待を経験した、居場所が無いなどの理由から、家出をして生活費を稼ぐ目的で売春をしているケースが多い。学校や友達を重視している女子が多く、可能な限り登校しようとする。教員に対して反抗的な態度を示すことがあるが、それが女子が発する救助を求めるサインの可能性が高い。

[事　後]　事後は家出して学校区から離脱してしまうため、教員はその後の女子の動向を知ることが出来なくなる。家出した女子は犯罪を犯す、もしくはそれに近い行動をとりながら

生活している可能性がある。また、仲間の保護を受けている場合がある。親やきょうだいや親戚から離れ、地域からも離脱して単独で生活している女子のなかには独自の知恵と知識を持ち、自ら作り出したネットワークのなかでたくましく生活している者がいる。薬物依存や自傷行為を繰り返し、犯罪など事件に巻き込まれて若くして命を落とす女子もいる。

c　女子への買春　4類

[事　前]　1～3類のような深刻な家族の問題や経済上の問題が表面上は報告されていない女子の売春。近年増加している。小学校から発現しているとさるが中核群は中高校生で、中学生はその半分に相当するとされる。大半は単独で行動するが、何人かのグループで行動している場合もある。目立つ行動をする女子と、まじめで地味な女子が混在しており、事前に女子の言動、外見で見分けることは非常に難しい。特に地味な女子の場合、教室での態度の変化がほとんどなく、教員が気付くことは非常に稀である。外見的には家庭はしっかりしているように見えるが、両親の間に葛藤がある。

[事　後]　警察からの通報がない場合、教室で買春の被害があったことを確認するのは難しい。買春の被害を受けていても、ほとんどの女子の勉学の態度に変化がなく、友達関係も変化なく部活にも参加する。不安定な様子がまったく見られないため、家族を含めた周囲は気づかない場合が多い。女子の友達が買春について知っている場合があるが、口が固

くめったに情報として得ることができない。理由は教室からはみえにくく本人は「なんとなく、友達がしているから」と答える。買春に至らない膨大な予備軍があり教育現場の新たな課題になっていると思われる。

2　教室からみた女子の事前と事後の変化のまとめ

女子は性虐待の予兆から緊張が高まり、教室内でいつもと異なる症状をみせるようになります。事後は、表情や態度の急な変化をみせて、断続的な不登校から長期の欠席になる傾向にあります。多くの女子は一週間か十日の間で不登校になります。「あれ?」と教員が疑問を抱き、女子に質問してみようと思っているうちに女子は長欠になり、教員が家庭訪問しても会えなくなってしまうパターンが少なくありません。

長期に欠席の状態になると、家族が介入するため、女子への接近が大変難しくなります。このため性虐待の発生する前に教員が気づくことが重要です。難しいことですが、不可能ではありません。性虐待の予兆のサインを読みとる条件は、女子と教員の間に人間関係が構築されていること、教員側に女子の変化を受け止める用意があることです。教員が女子の変化に気をとめていれば、性虐待の事前に、あるいは性虐待発生直後の、女子がまだ登校している段階で女子に接近することができます。

教員が女子と面接するときに大事な点は、女子に関する情報を教員が整理している点です。常日頃の女子の教室での様子を教員はメモしておくとよいでしょう。そのメモは女子と面接して性虐待の可能性を把握するときに重要な資料となります。教員は「きみの変化から生活上になにか心配ごとが発生したのではないかと思う」と述べたら良いでしょう。教員の関心と積極的な姿勢が女子の防衛的な姿勢を和らげ、真相が語られる場合があることは前述の通りです。

3　家庭生活からみた事前と事後の変化

ここでは、家庭訪問時に教員が女子の家庭生活の変化を追うことで、女子への性虐待の把握をより確かに行なうことを目的とします。

女子に対する性虐待の可能性を感じ取った教員は、事実の確認をしなければなりません。ただの思い過ごしの場合もありますが、理由なくして女子が右記のような変化をとげるとは考えられません。女子の変化の理由を確認することは、性虐待以外の理由であったとしても教育上有益です。

ここでは四つの性虐待ごとに家族の事前と事後の変化を追うことにします。これにより加害者が誰なのかがある程度特定できる場合があります。女子に虐待を加える相手が不明な場合、関係機関に通告しても緊急な対応が取られないからです。

ここで注意するべきことは、教員は教員であって警察官ではないことです。また児童相談所の所員でもありません。犯人をつきとめて警察署に突き出す、それは教員の役目ではありません。教員はあくまでも女子の保護を目的に慎重に行動をする必要があります。その際、可能な限り単独で行動しないよう注意する必要があるでしょう。ここでは四つの性虐待ごとに家庭での変化を事前と事後に分けて見ていきます。

A　父親からの性虐待

ここでは「父親からの性虐待」の1類、2類、3類の女子の家庭生活の変化を追います。教員は家庭訪問時に家族の様子と変化を記録しておくとよいでしょう。これは後に総合判断するときに重要な資料になります。総合判断の目的は誰による性虐待なのかを把握し、必要な対策を取ることです。繰りかえしになりますが、目的は性虐待から一刻も早く女子を保護し、早期の援助を開始する状況を学校関係者が検討することにあり、犯人を警察に突き出すことではありません。

a　父親からの性虐待　1類

[事　前]　家庭生活のなかで事前に観察されるエピソードは、母親の病気、父親の孤立、女子が年頃になったことなどである。加害者である父親は母親に暴力をふるう場合、懸命に子育てする、家事をこなす、などさまざまなタイプがいる。母親の多くは自分も娘時代に性虐待を経験している。地域から孤立している家族が多く、近隣との交流がないに等しい。夜間に悲鳴のような声が聞こえる場合がある。

[事　後]　家族は以前にも増して外部との交流をきらうようになる。女子の友達が訪ねて来たり、教員が訪問することをきらい、玄関のチャイムの電源を切ったり、電話を使用できなくする。女子に精神症状がでて、父親が対応できなくなると近所の小児科に連れてい

く可能性が高い。母親が泌尿器科や産婦人科に女子を連れていくこともある。母親の健康状態によれば、きょうだいの不登校で学校や関係機関が対応できる場合がある。対応を間違えると一家心中のような重篤な危機を招く危険性がある。

b　父親から女子への性虐待　2類

［事　前］　1類にやや似たパターンが観察される。女子は家族思いで友達の関係よりも家族を重視し、学校生活よりも家庭生活を大事にしている。ドメスティック・バイオレンスが見られる家庭がある。女子は不安定な対人関係を特徴としていて友達に信用されていない場合が多い。事前には母親の家出や女子の姉の独立など、家族内の変化が観察される場合がある。多くの女子は家庭内の出来事を隠さず、割と簡単に話す傾向がある。

［事　後］　刃物を持ち出したり、交番にかけ込んだり、薬を多量に飲むなどの行動をとるようになる。行動により救助を求めるサインを出すが、話し方や態度から誤解を受け、信じてもらえない場合が多い。うわずった喋り方、奇妙な表現、パニックの症状を用いて自らの窮状を訴えるため、周囲は混乱し対応に苦慮する。

c　父親からの性虐待　3類

［事　前］　女子の写真を仕事机に飾っている父親、父親とのツーショット写真を自慢げに人に見せる女子など、恋人のような父と女子の関係が特徴。その一方でひどく不和な家族もあるが、大概の父親は社会的地位の高い仕事に就いており、日曜日には必ず家庭サービス

をするなど、「よいパパ」であることが多い。女子は成績・運動が優秀である。性虐待を行なった父親自身が大きな戸惑いを抱いている場合があり、事態は複雑である。

［事　後］　女子は極端に父親をきらうようになる。父親の帰宅を恐がり、父親の女子への接近を拒絶し、無理に接近しようとする場合にベランダから飛び降りようとしたり、刃物を持ちだして振り回すなど異常な行動にでる。食事を摂らなくなり、胃痛や頭痛を訴えて小児科へ行くことが多い。夜尿やお漏らしが急にはじまったという女子は多い。最終的には精神科へ行くことになる。この段階で母親はことの重大さに気づき、学校外の相談所に女子を連れて行く場合が多い。父親は母親が気づいた段階で追いつめられ、精神不安に陥る可能性がある。父親への対応を誤ると放火や排気ガスによる一家心中のような行動にでる可能性があり、家族は強い緊張状態に置かれていると見てよい。

家庭訪問は家族に与える影響が大きいので慎重に、言葉を選びながらあくまでも女子の保護・援助を目的として実施されるべきです。特に父親は教師の訪問にショックを強く受ける可能性がありま す。絶対に家族を責める言葉を使用しないよう注意しましょう。親には「女子の学校での様子に変化が見られましたので心配で様子をお伺いしに来ました。何もなければ幸いです」と述べると良いでしょう。実際に教員の心配し過ぎということもあり得るからです。

なかにはまったく気づいていない母親もいます。ほとんどの家族は教員の訪問の意図は分からないと思われますが、女子自身は強いショックを受けている可能性があります。このときの女子の反応から家族は何かが女子の身にあったことを知る場合があります。教員の訪問にパニックになる家族もあり、あらゆる反応を予想して臨む必要があります。

女子は真相を話すことによって家族を失う可能性に怯えてしまうこともあります。家族を混乱させる自分を責めるかもしれません。母親の反応は女子を庇《かば》う場合と責める場合の両極に分かれます。女子との相互理解が深い母親は女子を庇い、関係が薄い母親は責める場合が多いでしょう。

犯人を取り押えることは教員の本務ではありませんので、父親を刺激せずに教員はあくまでも状況を把握するだけにとどめます。しかし、女子の身に重大な危機が再び発生する可能性を感じた場合、毅然とした態度ですみやかに児童相談所への通告をしましょう。

また女子の心身に緊急な症状が見られたときは、病院に入院するように女子と親に勧めることになります。自傷行為や自殺を防止するため、入院保護が必要なため、という理由を説明しますと多くの親は納得します。入院する際は、心療内科などが併設されている、心の治療も並行して受けることのできる病院を選びましょう。

通常は、まず女子の身の安全を確保し、その後に児童相談所への通告します（ケースバイケースで通告が優先される場合もあります）。

B　兄からの性虐待

ここでは「兄からの性虐待」のうち2類A群2類B群と3類の女子の家庭における変化を見ていき

ます。兄が複数いる場合、性虐待の加害者が誰なのか把握できない場合があります。加害者が父親にみえるときもあります。多くの女子は母親との関係が悪いので、家庭訪問をしても母親からの情報では加害者が誰なのか分からない場合が多いでしょう。

それゆえに複数の関係者による家庭訪問が必要になってきます。把握できないときは、把握できないということを児童相談所に報告することになります。就寝の仕方、家族関係、生活習慣、家族神話（家族内の信条・しばり）など、情報が少しでも多い方が対策を考える参考になります。

a　兄からの性虐待　2類A群

［事　前］　兄に暴力や非行などの問題行動がある。両親は経済的におわれていて、思春期にある兄と妹（女子）の生活のあり方に注意が向いていない。両親に体罰で子どもをしつける習慣がある。両親の寝室と離れた部屋で兄と女子が一緒に寝起きする不自然な生活習慣が見られる。またそれが不自然であることに両親が気づいていない。もともと仲のよい兄妹でないことが多い。生真面目で節約家の両親は女子のわがままと捉え、訴えに耳を貸さない場合が多い。

［事　後］　女子の家庭における変化は激しい。女子の訴えをきかなかった両親に対する激しい攻撃が見られる。両親が動転して女子を叩き、女子が刃物をふりかざす等という事件が起きる場合がある。近所の通報により警察が介入する場合がある。手首や首筋を切って病

院へ運ばれたり、夜ごとの大声で近所から苦情がよせられるなど、その家族が地域内でうわさになっている場合もある。女子は兄が不在の間は比較的大人しく、帰宅すると暴れ出す。この女子の群は行動化が激しいことが特徴である。

b　兄からの性虐待　2類B群

[事　前]　劣悪な住環境で生活しているので、地元で有名な場合がある。仲良し家族を演じている場合がある。親には思春期に入った子どもを育てているという自覚が欠落しており、住環境が不適切であるという問題意識がみられない。賭け事や浪費による借金など、経済的な問題を持っている親が少なくない。母親が深夜にパートに出ているなど、両親の勤務が不規則である。事前には友達関係が薄れる。夜尿やお漏らしがあったり、シャワールームから出てこない、トイレから出てこないなどの変化が起きる。

[事　後]　女子の状態は一変する。兄が接近すると母親にしがみつき、悲鳴をあげるようになる。手首をカッターナイフで切傷し、売薬の風邪薬や頭痛薬などを多量に飲むなど、自傷行為や自殺企画が見られる場合がある。母親はそのサインの意味が分からず、精神的な病を疑って女子を病院に連れて行くことがある。手洗いを止められないなど強迫行動が出る女子がいる。兄との関係の急激な悪化が特徴である。

c　兄からの性虐待　3類

[事　前]　恋人のような兄妹。家でも父親よりも兄に女子は従う。母親も兄を介して女子に指示

をするパターンが観察される。兄は名門とされる学校や団体に所属しており、家族の期待の星である。兄は見た目が良く、女子が兄との二人だけの写真を見せびらかすことがある。兄とは常に携帯電話で連絡しあい、互いの情報を交換している。事前には、友達関係につまずき孤立する傾向が強まる。また母親との関係が急に悪くなる、父親と兄の対立が顕著になるなど、特徴的なエピソードが見られる。

［事　後］　兄は妹である女子の責任に転嫁する場合がある。妹のせいで事件が起こったと言い訳する兄に女子は性虐待のショックと信頼していた兄の裏切りの二重のショックを受け、女子は呆然自失の状態になることがある。以後はつま先だってフワフワとした歩き方、手足をばらばらにしたような身のこなし、宙をさまよう瞳、不自然に昂揚した話し方などが観察される。後に、家に閉じこもり、それと平行して拒食にともなう激痩せ、睡眠不足からくる精神不安、手首切傷などの自殺企図や夜尿などが見られる。兄に対する暴力や暴言も出てくる。

「兄からの性虐待」が明らかになった場合、その家族にとっての痛みは非常に深いものです。両親は、被害者である女子と加害者の兄を持つことになり、大変な苦しみを味わうことになります。そのため家庭訪問時は慎重に、言葉を選びながら接しなくてはなりません。母親の立場を理解する人として女性の年輩の関係者を同伴し、状況を判断して別室で話を聞くのも方法でしょう。そのとき女子の年下のきょうだいへの配慮は怠ってはいけないでしょう。きょうだいも兄と姉を失う危険におびえていることは想像に難くありません。

女子の様子から性虐待が家庭内に発生したことが判っても、家族も女子もその事実を隠すことは少なくありません。父親から女子への性虐待よりも、兄からの性虐待のほうが隠蔽される確立は高いと言えます。親は自分の子どもを加害者や被害者として公の書面に書きたがらないからです。まして兄を加害者として刑事告発することができる親はまずいないでしょう。

兄からの性虐待では、教員が家庭訪問しても埒《らち》があかない場合が多く、無力感に襲われる教員がいても不思議ではありません。女子はひどく傷つき入院しているのに、家族は変わらない生活を継続している場合もあります。しかし教員は家族を責める言葉を言ってはいけません。教員は人を裁く役目ではないからです。

児童相談所も「兄からの性虐待」へはどのように対応して良いかわからずにいる場合が多いようです。だいぶ改善されたとはいえ相談所の相談員によっては相談の受付を忌避する人もいるようです。

また児童相談所に相談に行くように親を勧めても、それ以上は学校として親に介入できない場合が少なくありません。母親が強い敵意を教員に向けることもしばしばで、教員が複数で関わる必要があるのはそうしたケースを想定してのことです。

C　他者からの性虐待

ここでは2類のA群、B群、3類の性虐待の被害の女子の家庭生活での変化をおいます。

事件が地域社会で噂になると女子が第二次被害にさらされ、社会復帰が困難になってしまう場合があります。それゆえ教員は家庭訪問時は慎重に女子と家族に接する必要があります。通告や告訴を教員が焦ると、女子や家族への第二次被害を引き起こしてしまう可能性があることに注意して下さい。

a　他者からの性虐待　2類A群

［事　前］幼い頃は良い子で扱い易く、小学校の高学年から反抗的になって、親の手におえなくなり放置されている女子が多い。女子の下に弟、成績優秀な妹がいて両親の期待や関心が弟妹に向かっている場合が多い。事前には教室や学校からの離脱、グループでゲームセンターやカラオケ場に入り浸り、頻繁に外泊などの行為を繰り返す。家から金を盗み出し、友達の家を転々としながら加害者たちとの交遊を始める。事前のサインを家族はただの反抗としか受け取っていない場合がある。

［事　後］女子には特に変わった様子は家庭ではみられない。しかし突然に帰宅し外出しなくなるケースもある。部屋にこもり窓やカーテンを閉めきり、携帯電話の電源を切ってグループとの交信を断つ。グループのメンバーが訪ねてきても会いたがらず、親が不審に思うことがある。昼夜、寝てばかりいて食欲もなく不機嫌でふさぎ込んでいる様子も報告されています。カッターナイフで手首を切る・髪の毛をハサミで切る・服や靴などを多量に捨てる・薬やアルコール類を多量にのむ・タバコをやたら吸うなどの行為が目立

つ。女子の多くは母親に対してより強く反抗的である。

b　他者からの性虐待　2類B群

[事　前]　家族内にトラブルメーカーがおり、家族と近隣から問題視されている。家内でまったく問題を起こさない男もいる。事情があって同居している親戚・父親の仕事関係で別棟に住む男で、女子とは顔見知りである。女子の多くは、性虐待の予兆からその男を気味悪がり、家族や教員に救助を訴える。しかし周囲はまさか、と思って対策を立てない場合が多い。男は、女子の生活のパターンを知っていて、親が不在の時を見計らって虐待の機会を狙っている。

[事　後]　男の多くは女子に、他言すれば殺すと脅し、女子は強い恐怖を感じる。女子が母親に訴えた場合に、母親からそのことについて口止めされることがある。母親が父親に報告しない場合は、その場合は男は家に住み続けることになる。その後に女子は重い心身症ないし神経症を患う場合がある。

c　他者からの性虐待　3類

[事　前]　女子は狙われていることを知り得ないため、事前のサインで特記することはない。ごく稀に「誰かにつけられている」「狙われている」「待ち伏せされているようだ」と母親に話すことがある。

[事　後]　帰宅した時の女子のただならぬ様子から母親が虐待に気づく場合が多い。すぐに警察

に行って被害を訴える母親がいる一方、時間が経過するに従って警察に行くことをためらう母親も多い。数日すると女子の態度に変化が見られ、約一ヶ月後には共通して家に閉じこもり、友達や教員が来ても会わなくなる。きょうだいとの接触も嫌い、食事も喉に通らない状態に陥る。睡眠が困難になり神経症状がでて精神科にて睡眠剤と安定剤を処方される場合がある。母親も女子も事件を教員には開示することは稀である。

他者による女子への性虐待は学校にとっては緊急を要する事件です。犯人は他の女子をさらに犠牲にするかもしれず、学校としても緊急に防犯体制を取りたいと考えます。ですが多くの家族と女子は性虐待事件の事実を言わず、通告や告訴をしません。皮肉なことに、被害報告の少なさ告発割合の低さが「他者からの性虐待」を拡大させるという悪循環が起こってしまいます*。

それゆえに常日頃の学校の危機管理が問われます。まず、そうした事件が発生したときにとる行動を、親と女子に事前に周知させておくことがとても大事です。また、そうした事件の発生時に、教員としてどのように初期対応するかの共通の認識を持つことにより効果的な援助が行えます。

残念ながら、実際に事件を目の当たりにすると多くの教員は焦って事実を確認しようと女子に接近し、冷静でない状態での面接・家庭訪問を行ってしまう場合があります。女子からの開示があった場

＊「被害告発の少なさ、告発割合の低さはレイプ被害の増大という悪循環を生んできた」アバーバネル『心的外傷の危機介入』一〇五頁に詳しく述べられている。そうした指摘は司法・福祉関係者の著書に多々みられる。

合はともかく、女子や親からの開示がない場合に無理に開示を求めると、互いの関係が遮断してしまう可能性があります。このような時にこそ、特定の教員が単独で行動することのないように、冷静に対処して欲しいと思います。

注意するべきケースとして、女子から「誰にも言わないのなら話す」と、特定の教員にだけ性虐待の事実をうち明けようとすることがあります。教員は単独で女子と面会をしてはいけません。やむを得ず単独で面会した場合は、教員と女子の個人的な約束はしないことを肝に命じておく必要があります。

教員は女子個人の秘密を聞く目的で面接しているわけではありません。性虐待の事件の可能性の発見という使命をもって面会しているのです。守ることができない約束はしないことです。その一線は崩してはならないでしょう。こうした対応を事前に教員間で申し合わせておいて下さい。

さらに注意したいことは、この種の事件を知った場合、教員の対応が感情的になりやすい点です。教員は理不尽さから強い怒りや悲しみを経験する場合が多く、それを言葉にして女子に伝えたいと思うかもしれません。しかし女子も家族も発生した現実に押しつぶされていて、将来を見失った状態にあります。そのようなときに教員が冷静さを欠いて悲嘆や怒りを表明することは、家族にとって負担となる場合が少なくありません。

D　女子への買春

女子への買春があった場合の、家庭生活における変化を述べます。

テレクラ・出会い系サイトというきこえの軽さからは想像できないくらいに、実際に虐待された女子の状態は芳しくありません。殺人事件に至りマスメディアに報道される事件はあとを絶ちませんが、それはほんの一部です。報道されない多数の買春による被害は、他の性虐待と同様に甚大な被害を長期に渡って与えていくことが多いのです。

親の多くは女子の買春に心痛めていて、自分自身を責めている場合もあります。買春問題によって家族が崩壊すると考え、身構える親もいるでしょう。よって、親によっては訪問した教員に対して強い敵意を向けて来るかも知れません。極端な場合は殴りかかってくる可能性もありますので、訪問するときは複数の男性教員が、ある程度確実な情報のもとに慎重に行動する必要があります。

a　女子への買春　2類

［事　前］　家庭内で性虐待を経験している群の女子。家庭内で常に母親とのトラブルが絶えない。母親による体罰、ネグレクトが見られる。女子は家のなかで孤立無援で生活している。このように、親が女子の行為に関心がないため、事前に家庭内で女子の変化に気づくことはごく稀である。親自身の病や当面する問題で、かかわる時間や物理的な余裕がない場合もある。

［事　後］　事後の変化にも家族は気づかない場合が多い。警察署の連絡で女子の行動を初めて知る親が大多数である。そもそも家庭そのものが崩壊しかかっており、事件の発覚で家族

が完全に解体されてしまう場合も少なくない。女子はほとんどが児童福祉施設に収容される、母親が引き取ってもその後に家出する女子が多い。女子の多くは自傷行為や自殺企図、アルコールなどの依存、拒食などの摂食障害、不安定な対人関係から転職を繰り返し、住居も頻回に移動する。強迫症状や不眠などから精神科に通院するようになる。まれに新しく人生を送ろうと決心し、気まじめな生活をする女子もいる。

b　女子への買春　3類

［事　前］　家に居場所を失い家出ないし家出同然の生活をしている。生活費を稼ぐ目的かその日の寝場所を確保するために売春をしている。家庭での様子は母親との衝突の激化、きょうだい関係の悪化、ないし親の愛人が同居を始めるなどの生活の変化が家出の引き金にある。アルコールなどの依存症の親の暴力による家出もある。女子の多くは家庭生活を求めながらも、現実の家庭に価値を見出しておらず、孤独という安全を求めてさまよう場合がある。自分が家出した後に同胞が家庭内で虐待にあうのではないかと心配している女子も多い。

［事　後］　事後の女子の変化は家からの離脱の決心を固める場合が多い。女子の多くは独自の方法で生活する術を身につけており、特定の仲間の集団に支えられている場合もある。家に帰る目的は服などの必要最低限の荷物を二～三回に分けて運び出すことである場合が多い。状況によっては荷物を一切運び出さずに、連絡と接触が一切途絶える女子もい

る。携帯電話の番号を変更し、友達との接触も断ち切り、遠方に行方をくらます。警察に家出人捜索の手続きさえしない親がいる一方で、女子の事件の発覚でアルコールなどの依存を強める親がいる。

c　女子への買春　4類

［事　前］女子の事前の家庭での様子は、母親に秘密がある、やたら携帯電話の着信にこだわる、生活が不規則で学校を休みがちであることなどが特徴として挙げられる。着替えや化粧品やアクセサリーをバックに詰めて持ち歩くことが多い。母親が接近すると白目をむきだして強く拒否をする女子が多い。父親が女子の行動を非難すると反抗的な態度をとり、ときに暴力をふるうことがある。また父親が暴力をふるうと家出をする場合が多い。仲間の家を転々と渡り歩き、万引などの行動に出ることがある。稀に警察署の婦人警官や校内の特定の職員と連絡を取っている女子がいる。

［事　後］親との接触を以前にも増して極度にきらうようになる。家にいるときも鍵をかけて部屋から出てこない。食事はコンビニで弁当を買って一人で食べるようになることがある。母親の作った食事は口にしない女子が多い。母親を脅して金銭を巻きあげ数日帰宅しない女子もいる。女子の多くは、親が妹や弟をえこひいきしていて女子を差別すると不満に思い、その事を訴える傾向がある。女子のきょうだいには社会的な評価が高い同胞がいて、親は特別扱いをしている場合がある。親が女子の扱いを変化させ生活を立て

直すと、女子も心を開き変化する可能性がある。

非行の傾向がある女子が教室にいると教室内の雰囲気に影響し、クラスの管理・運営に少なからず影響するでしょう。できたらそうした女子は登校しないで欲しいと願う教員は少なくありません。

女子が買春から性虐待に遭うことを、いかんともしがたいと思う教員もいないわけではありません。また、女子の生活と家族の様子から、なす術がないと感じる教員もいるかもしれません。しかし先述した五事例のU子、V子、W子、X子、Y子のように、好きこのんで買春をしているわけではない女子が多いことを思い出して欲しいと思います。機会ときっかけがあれば、生き直しをしたいと願っている女子は多数います。女子への買春の問題は、親、教員を含めた私たち大人社会の問題であり、学校教育だけでなく地域の問題として捉えて欲しいと思います。

家庭訪問から性虐待の女子に関わるときの注意事項

家庭訪問で、教員が女子への性虐待の加害者の見当をつけ、緊急に保護が必要か否かの判断をして、通告後に予想されるさまざまな困難を事前に検討し、予想される困難を予防して、そして通告するという決定を実行することになります。

その検討は緊急を要する場合が多いでしょう。そのため性虐待の問題に対する常日頃の関心を鼓舞し、関係者間で対応を事前に検討しておく必要があるでしょう。

女子の教室と家庭での事前と事後の変化のポイントのまとめ

教員が家庭訪問した場合、教員の訪問の意図が理解できないで強い不安を感じる家族があることに気をつけて下さい。虐待の事実を家族の一部の人間しか知らない可能性があるからです。教員の家庭訪問は事前と事後の女子の教室での変化を十分に検討したうえで、さらに具体的な情報を得るためのやむを得ない手段とし、みだりに家庭訪問を行なわないほうが良いと思われます。

家庭訪問すればなにか情報が得られるであろう、とりあえず家庭訪問して確かめよう、という安易な考えはお勧めできません。通告するために確かな情報が必要であり、その情報の収集を学校の教員がするべきか否か、緊急を要するか否かの判断を事前にして下さい。

緊急に保護が必要かどうかの判断を学校がくだし、女子の同胞が今後も地域で生活するための策を検討し、女子を失なったクラスの今後の運営と、家族の再建の見通しなどの状況をある程度は把握し、そして通告を含めた検討に入ることが前提で家庭訪問を行なうことが必要でしょう。その検討は短時間でなされる必要があります。

通告は女子とのかかわりのある関係者の合意からなされることがベターですが、必ずしも全員の合意を得られない場合もあります。教員間の意見の対立が生じることは、こうした虐待事件にはつきものであると考えておいて下さい。

意見が対立した際、日頃の女子の変化を記したメモなどの些細な情報が重要な論拠になります。女子本人が描いた絵、漫画、文章なども大切な情報になります。

こうした当事者間の意見の対立は、児童相談所等の相談員の関係のなかでも起こりやすいと言えます。先述しましたが、性虐待に関しては専門家の間でも意見の十分な合意や一致が形成されているわけではありません。児童虐待に関しては児童相談所と警察署が対応しますが、機関の担当者によっては対応が大きく異なることがあります。教員が緊急を要する事件と思って通告を行なっても、担当者の判断で対応が先延ばしになることもあり得ます。そのときに複数の論拠があれば、説得力は確実に増すでしょう。緊急を要する女子を保護するためには、女子の身近な存在である教員の、事実に基づいた複数の情報の提供が必須なのです。

ここで、学校と児童相談所の関係について触れておきます。だいぶ改善されたとはいえ、かって児童相談所と学校の関係は好ましいとは言えない時期、および地域がありました。教員のなかには児童相談所を頼りと思わない、とはっきりと言明する人が現在もいます。

社会状況も変化して、そして児童相談所も変化してきています。なによりも重要な視点は虐待問題が複雑になったことと、その緊急性です。今日の児童虐待問題は学校単独で対処することが難しくなっており、多職種・他機関の連携が望ましいのです。最初の通告は児童相談所にされる場合が多く、児童相談所は児童虐待問題の中核を担う機関です。

学校と児童相談所の関係が女子の保護に影響を与える場合もあるかもしれません。一時保護所がなく、緊急対応できる要員もなく、医療と連携がうまく取れていない児童相談所も存在します。児童相談所が遠方、または組織と機能があまりに不十分な場合は、学校が中心となって判断と対処をせざるをえない場合も出てきます。学校のリスクマネージメントは今後の重要な課題と言えます。

なお女子と家族の面接で気をつけることを簡略に述べておきましょう。

学校の相談室ないしは家庭訪問のときの面接で教員が気をつける代表的なことは以下の五点です。

《性虐待の可能性がある女子と家族の面接のときの注意》

（1） 単独で面接をしない。可能なかぎり単独では面接しないように気をつけてください。性虐待問題は複雑で難解な問題です。また緊急を要する問題でもあり、個人で引き受けるにはリスクが高すぎます。

（2） 約束をしない。性虐待の問題は多様な機関による処分や措置を含む多様なかかわりが想定されます。女子と家族と教員の関係が濃密な場合、内密にして欲しいと依頼されることがありますが約束はできないとはっきりと伝える必要があります。

（3） 判断しない。良いか悪いかの判断をとかく教員は気づかずにしている場合がありま す。また混乱しているときに、女子や家族から判断を求められることがあるかも知れません。性虐待問題は微妙な問題を含みます。「私には分かりません」あるいは「判断できません」と伝える必要があります。

（4） 同情や怒りを表明しない。ひどい話を女子や家族から聞けば教員も感情が動きます。

驚いたり戸惑ったり憤りを感じたり、悲しくなったりするでしょう。しかし教員の役割は客観的な視点を持つことです。個人としての感情を表明しないでください。

（5）真剣に話を聞く。教員ができることは多くはありません。もしかしたら真剣に話を聞くことくらいかも知れないのです。教員にとって信じ難い内容であっても真剣に聞きましょう。否定したり疑問を先に述べたりしないことです。

担任が男性の場合は養護教諭やスクールカウンセラーと一緒に行動して母親と担任が、別室で女子と女性教諭が話すとよいでしょう。また面接は一回では終わらないかもしれません。数回の訪問の後に女子から開示がある場合があります。あるいは一ヶ月かそれ以上の年月が必要な場合もあります。一度に開示させようと焦ると、次回から女子への接触そのものができなくなる可能性があるので注意が必要でしょう。しかしケースバイケースで緊急に保護が必要な場合はその限りではありません。

第3節　性虐待の防止活動

ここでは学校が行なう性虐待の防止活動について述べていきます。

本書では記述していませんが、性虐待の援助は大変困難であり、その発生はなんとしても防止したいところです。

1　性虐待の防止活動について

性虐待の未然防止の方法は未開発の領域であると言えます。そもそも虐待の発見や援助に関してもここ数年で研究が開始された段階であって、性虐待そのものの実態も把握されていないとする立場すらあります。防止の必要性は認識されていますが、まだまだ現場ではその領域に積極的に踏み込めないというのが現状です。

虐待の発見と防止に関してはジェームス・Ａの『児童虐待の発見と防止』が二〇〇三年に加藤和生により邦訳出版されています。その著書のかなりのスペースにおいて複数の臨床家による性虐待の実態が報告され、第十一章で性虐待の防止にも触れています。参考になる部分がありますので読者も読まれたらよいでしょう。*

第十一章の虐待の防止の章を著したペギー・Ｓ・Ｐは、社会が取り組むべき子ども虐待への未然防止として、メディアの役割と教育普及活動（ライフスキル・パーソナルセーフティ教育など）、法制度上での代弁者としての親役割等を述べています。ペギーの提案は虐待問題の全体の防止に関するものですが、性虐待の防止にも参考になります。

＊　ジェームスは親と教師に向けて、①性虐待について子どもにどのように教えたら良いか、②自分の子どもは虐待の危機にあるのか、③虐待の疑いを持ったときの対処方法、について詳しく述べている。ジェームス・Ａ・モンテリオン著『児童虐待の発見と防止』加藤和生訳、慶應義塾大学出版会、二〇〇三年を参照されたい。

わが国における性虐待の発見と防止は、ＣＣＡＰや性暴力情報センター等の民間活動団体を中心として、精力的に進められています。

ここでは筆者が臨床経験から考える性虐待の未然防止を述べていくことにします。筆者は性虐待の防止に関して五段階あると考えています。

《性虐待の五つの防止内容》

Ａ　直前防止：性虐待の発生の直前の防止。早期発見。

Ｂ　未然防止：性虐待のハイリスクな状態への介入

Ｃ　再発防止：同一女子への性虐待の再発の防止

Ｄ　拡大防止：女子以外への性虐待の拡大の防止

Ｅ　予防活動：防止教育・性教育・安全教育など性虐待の予防

以下、順をおって説明します。

Ａ　おおむね一週間前からの防止活動を指します。直前の性虐待の発生の防止活動で、女子に性虐待の可能性の予兆が出ている、ないし救助の緊急のサインが出ている段階です。一般的には早期発見あるいは早期介入と呼ばれます。

Ｂ　おおむね三ヵ月前からの防止活動を指します。女子が性虐待のハイリスクな生活をしているという情報を関係者が得ていて、女子が学校不適応の症状等を示しだす段階で、状況によって異なりますが一般的に未然防止と言われます。

C　再発の防止活動です。一回以上の性虐待ないし未遂を経験している女子が、再度の被害にあわないために行う防止活動を指します。関係者の多くは事件発生から半年を過ぎると再発防止への関心が減退します。女子の再発の防止のための努力は時として、性虐待への過剰なとらわれとして関係者に印象づけられることになります。たとえば長期の引きこもり等です。

D　性虐待の被害が一人の女子にとどまらずに拡大することを防止する活動です。家族内性虐待では他の姉妹、他者からの性虐待では他の女子への被害の連鎖・拡大を断ち切ることを指します。買春の場合は学級内にグループが形成され急速に性虐待の被害が拡大する場合があります。関係者が適切な拡大防止ができるか否かは女子からの情報の開示が重要な鍵をにぎりますが、女子の多くは被害を開示したがりません。それゆえ事前と事後の女子の変化を関係者が把握していることが重要なポイントとなってきます。

E　性教育ないし防犯教育などの予防活動を指します。先のペギーが述べているライフスキルやパーソナルセーフティ等の予防教育がこれにあたります。性虐待の防止活動はわが国の制度としてはまだ十分ではありませんが、民間の活動団体等によるワークショップ開催や、警察署を中心に地域の予防活動は展開されて来ています。

性虐待の防止はわが国では一般的にBの未然防止活動を指すようですが、研究者によってはAを早期発見・早期介入と捉え、BからEを防止活動と捉える者も少なくありません。あるいはAからDまでを援助と捉え、防止活動をEに限定する研究者もいます。防止活動のすべてを危機介入*と表現する研究者もいます。防止活動の範囲と機能についての合意は、わが国だけでなく国際的にもまだ得られていないようです。

臨床家によってはAの予兆や緊急のサインを性虐待の発生と解釈する者もいます。女子のサインを過大に解釈して対応をしたがために、性虐待の防止活動が性虐待以上の被害を女子に与えてしまうことがあります。

セカンドレイプは性虐待の被害者に対して援助などの関係者が根ほり葉ほり聞いて二次被害を与えることを言います。過剰な防止活動もセカンドレイプと同等の被害を与える可能性があり注意を要します。

さらに問題となるのは、どこからが性虐待なのかという問題です。この判定が大変に難しいのです。筆者は経験とさまざまな知見から性虐待の発生を「性交ないしそれ同等の被害を与えること」と考えています。その際、女子の性の選択いかんを問わず、また強要か否かをとわず、さらに強権力による性虐待か否かを問いません。女子が望んだから、女子は強く拒否しなかったから、あるいは力の行使

＊　危機介入についてカプランは第一次予防の主要な技術としている。カプランについては現代臨床心理学事典（S・J・コーチン著　村瀬孝雄監訳　弘文堂）に詳しくのっているので一度熟読をすすめる。

でなかったからという理由は、本書で扱っている小・中学生の女子に関しては正当性を欠くと筆者は考えています。

たとえばM子の場合のように兄からの性虐待の未遂であっても、M子は後日に日常生活ができなくなって精神病院に入院しています。性虐待そのものの人権侵害よりも、その後の家族などの関係者による人権侵害のほうが深刻の場合もあるのです。M子の場合は深刻な傷を受けたのは母親の言葉や態度にありました。

性虐待の被害は女子と加害者の関係や状況、女子の人格傾向や成長の度合い、女子の家族の対応や虐待の発見の状況、また対応機関によって異なります。

2　二十五事例から防止をふりかえる

E子の事例を思い出してください。E子には姉がいました。姉は父親から性虐待を受けている可能性が非常に高いと思われました。母親は夜になると大きな声をあげて騒いでいました。おそらく母親は父親から長女への性虐待を阻止したかったのでしょう。母親は娘の時代に性虐待を受けていた過去があると関係者は考えました。母親と父親は不和で結婚生活はうまくいっていませんでした。母親は精神が不安定で睡眠剤と安定剤なしでは生活ができなかったのです。母親は父親がきらう極度にやせた体型をしていました。食べたものを吐き体重は三〇キロを切っていました。

一方のE子も拒食傾向があり当時は歩くのがやっとの二〇キロ台でした。E子と母親は一緒の部屋で寝ていましたが、ふすま一枚隔てた隣の部屋では父親から長女への性虐待が行なわれていた可能性があります。父親は筆者らに「ふっくらとした女体が趣味だ」と漏らしていました。E子の姉はふっくらとしていました。E子は父親からの性虐待から身を守る方法として太らない工夫をしていたのかもしれない、と筆者らは考えました。それはE子の拡大防止策であった可能性があるのです。

再発防止策といえばT子の方法は変わっています。T子はひっかき傷を作ることによって再発を防ぐことにやっきになっていました。T子の身体は紫色のひっかき傷が無数にありました。T子は「こんな体だったらレイプ犯もおそれをなして逃げる」と述べていました。再発防止で本人がそれなりに工夫しているのはT子だけではありません。とくに顔見知りでない者からの性虐待の被害女子の多くは、独自の方法で再発防止に取り組んでいます。

次にG子の事例を思い出してください。G子は父親から長期に渡り性虐待を受けていました。弟の嫁もそれが原因で家出をしたようです。G子の症状は非常に芳しくなく投薬を受けながら、ぎりぎりのところで生活をしていました。G子は離婚し一人の女子を育てていましたが、G子がなによりも心配したのは年頃になった女子が自分の父親の性虐待の被害者になることでした。G子の取った拡大防止策はカーテンの裏に女子を隠し、父親から女子を保護する方法だったのではないでしょうか。しかしながら長期の生活上のストレスはG子の精神に障害を与え、同時に女子も入院を余儀なくされました。

ここで「兄が妹に異常接近した」と訴えた母親を思い出してください。兄妹は同室で隣の布団に寝ていました。兄は妹の体に触れてしまいますが、それを兄が母親に訴えて翌日から別室で就寝するようになりました。兄妹はその後も元気にしていますが、このケースの場合は性虐待の直前の兄（加害者）による防止行動といえるでしょう。

N子の事例を思い出してください。N子は六畳に五人の大人が就寝する生活を送っていて、断続的な不登校の状態から筆者のもとに来所となりました。担任らの心配は性的な問題が兄との間にあるのではないかとの事でした。N子は視線を泳がせつつ腰をひねっていて明らかに異常な行動をしていました。お漏らしによる尿臭がしました。N子の異様な雰囲気は半月ほど前から出現していました。N子の母親は筆者の呼び出しに応え来所しました。母親は「生活に追いまくられて子どもたちの成長に気づくのが遅れた」と反省しました。母親はその日から就寝形態を変更し、N子と兄が同じ布団で寝ることはなくなりました。N子は登校を開始し高校に進学しています。N子の症状は兄からの性虐待直前の防止のサインと思われました。

P子は中三時に遊び仲間から集団で性虐待を受けました。P子には年頃になった娘がいました。娘は次第に女性らしい体つきに変化してきていました。P子は娘の家庭内の暴力および不登校で来所していました。娘の問題行動はP子の当時を彷彿とさせました。P子は過去を筆者に開示することで娘の性虐待の拡大防止、つまり連鎖を阻止したいと思っていたのではないかと思われました。

それは父親と施設職員から性虐待を受けたD子、父親から性虐待を受け離婚し会社社長の愛人となっているI子らの娘に対する母親による拡大防止とよく似ています。D子もI子も不登校という主訴で来所していますが、母親の面接の目的は不登校の解決ではなく、娘の性虐待の拡大防止だったと思われます。

また自身が他者からの性虐待を受け、娘である長女も略取誘拐から性虐待を受け、そして妹が不登校で来所したR子の場合もそうです。ビジュアル系グループサウンドに夢中で家出したV子の母親もそうです。妹の断続的な不登校の段階で相談に母親は訪れていますが、それは性虐待の拡大を防止したいという母親の願いだったかもしれないのです。

さらにW子の場合を思い出してください。W子は伝言ダイアルから知り合った友達の紹介で男のアパートに転がりこみました。男はかねてより地元の警察署でマークされていた人物でした。W子はまだ十四歳であったため両親は法的な保護を求めました。しかしW子から押しかけたこともあり、W子の親側から被害届は出せず、むしろ逆にW子は親が適切な保護をしないと警察官に訴えています。

親が適切な保護をしないと子ども側が訴えることはU子、V子、X子、Y子ら買春を行なっていた女子達に共通に見られます。それらの訴えは、見方を変えれば買春の被害者になった女子の再発防止の工夫であるといえなくもありません。女子は母親による保護を求めていたのではないかと思われるのです。

このように二十五事例をふりかえってみても、女子から救助と防止のサインはいくたびか出されていた可能性があります。ただそれは見る目が育っていないと、見えるものではありません。また注意を向けていないとサインは見逃されてしまうものです。それに、不登校などの社会的な問題があると、性虐待の防止のサインはとかく誤解されがちなのです。ちょうど岸和田の事件のようにふるい落とし現象が起きてしまうでしょう。

読者はここまで読んで、未然防止の事例が挙げられていないことに気づかれたでしょうか。理由は簡単です。未然防止は性虐待の事件が発生していないから相談の場には来られないのです。二、三ヵ月前に性虐待の発生のリスクが高まった、と女子と家族が気づくことはめったにないのです。

女子が一、二週間前に性虐待の予兆から精神不安を示すことはあり得ます。しかし女子自身が幼いこともあり二、三ヵ月前から結果を予測して精神不安を示す例は、筆者らの臨床の場ではありませんでした。しかしまったくないかと言えば、そうではありません。不登校などの援助をふりかえってみれば、性虐待の未然防止が必要だったと思えるケースはいくつかあるのです。次にZ事例を振り返ることで防止活動の全体を検討してみましょう。

3　Z子の事例から防止のあり方を検討する

ここで再びZ子を思い出してください。「はじめに」に登場するZ子が学校を休み始めたのは小学校の五年の後半からです。約一年後には睡眠薬の服用と手首切傷で病院に搬送されています。そして中二のときには繁華街で客引きをしている姿を複数の同級生に確認されています。そのプロセスから防止策を検討してみましょう。

Z子にとって性虐待の防止のチャンスは三回あったと思われます。一回目は、断続的不登校が始まって、父親と同室で就寝していて母親が不在という情報を小学校の教員が入手した時点です。この段階が未然防止のチャンスであったと思われます。

Ｚ子の事後のサインは精神安定剤の多量の服用と手首切傷の事件です。Ｚ子は眉を細く整え「幽霊のようなものを見る」と述べています。担任はＺ子の様子の変化にたじろいでいますが、まさにその変化が事後の救助のチャンスであった可能性があります。

Ｚ子の緊急の救助信号は「お父さんが家にいる時がいやなんだ」という言葉です。Ｚ子はたびたび母親に救助を求めていたと思われます。母親はＺ子のその言葉を遮るように「みんな辛いんだ、我慢しなさい」とすかさず述べています。Ｚ子は教員の求めるままにチラシに描いた漫画を与えています。漫画はＺ子にとっての最後の頼みの綱だったかもしれません。

しかしながら、Ｚ子の漫画は見ようによってはＺ子の再発防止の努力とも受け取れます。もしかして、Ｚ子は妹のためを考えていたかもしれません。つまり漫画を教員が受け取ったときは再発と拡大防止のチャンスだった可能性があるのです。

そのようにＺ子は父親による性虐待の未然防止のサインと、性虐待の直後の救出のサインと、再発防止と拡大防止のサインを出していた可能性があるのです。サインはその四点以外にあったかもしれません。とくに直前防止のサインが何らかの方法で外部に発信されていた可能性は考えられます。その情報がないことが残念です。

ここで重要な点は、学校と教育センターら関係者がＺ子の問題は不登校であると認識して、従来の不登校の対応を用いた点です。関係者が性虐待の可能性を視野に入れていなかったので、直前防止のZ子からのサインは見逃された可能性があるのです。

防止活動というと一般的に行政や研究機関や活動団体から提供されるプログラムのようなものと受け取られているのではないでしょうか。防止活動はそのように与えられるプログラムは一部であると筆者は思うのです。Z子の事例を丹念にふりかえってみればわかるように、女子からさまざまな防止のサインは出されているものです。関係者が耳を澄ませば女子からの防止のサインを受け取る事ができる可能性はあります。つまり防止活動とは女子と家族からのサインを読みとることから始まるといえるのです。

繰り返しますが性虐待の防止活動は、防犯活動や性教育や性道徳活動のみを指すのではありません。それも重要ですが、むしろ性虐待の防止活動は女子から発信されるサインを的確に読みとり、必要に応じた対策を講じることにあると筆者は思っています。本書の6章の第1節の性虐待の判断のためのポイントは主に直前・直後の防止活動を指します。第2節の女子と家族の変化はおもに拡大・再発防止の活動を目指しています。そして活動はハイリスクな生活を余儀なくされている同胞に対する未然防止でもあります。

4　学校現場における性虐待の予防活動

以下では、①家庭内の性虐待の予防、②他者からの性虐待の予防、③買春の予防の三点について生徒への指導や保護者への教育活動で話す基本的なポイントを記します。対象によって表現や範囲を変化して欲しいと思います。

《家庭内の性虐待の予防》

（１）小学校に入ったら父親や兄と同室で就寝しないようにする。特に同じ布団で寝ないこと。同室の場合は二段ベッドで上下にして就寝し、初潮が始まったら別室就寝が原則。

（２）父親や兄と一緒に入浴するのは小学校の低学年までにする。十歳を過ぎたら異性との入浴はしないようにする。初潮がきたら単独で入浴するよう女子に促す。

（３）トイレに使用済みの生理用品を放置しないこと。生理用品の管理は女子の重要な日常の役目であり、責任であることを教育する。

（４）女子の洗濯物をみだりに放置しないよう注意する。ブラジャーやパンツを安易に兄弟のいる部屋に放置しない。洗濯物の管理は女子の重要な仕事と認識させる。

（５）女子の部屋に兄弟が不用意に入室しないこと、女子の引き出しやタンスなどに収容されている物に許可なく兄弟が触れないように注意を促す。

（６）たとえ父親や兄弟であっても嫌な身体接触ないし接近には「いやだ」とハッキリと言うように女子に常日頃から教えておく。

（７）父親も兄も異性なのだということを教えておく。異性間には予想がつかないことが発生する可能性があることを女子に教えておく。

（8）母親は父親や兄弟に対して女子の成長にともなう配慮を求める。特に距離の取り方について、女子が嫌がる接近はしないように父親と兄に注意を促す。

（9）母親は父親や兄と特別に女子が仲良しにならないように注意する。父親や兄と仲良しの場合は同級生との関係が薄くなり、不登校などに移行しやすいので注意が必要である。

（10）中学校に入ったら、父親よりも母親との関係が接近することが通常であること、父親っ子の女子の場合は、母親と女子の関係の仕切り直しが必要になる。

（11）女子の仕事は勉強と友達を作ること、そして健康的な生活習慣を身につけることである。そして家族関係が友達関係の妨げにならないように親としての配慮をする。

（12）父親や兄から卑猥な話やビデオや雑誌を見せられたら「いやだ」とはっきり伝え、その場から立ち去る勇気を持つこと、そしてそのことを母親に報告するよう教える。

（13）父親や兄から特別に扱われることを女子から要求しないように、母親は家族の関係に注意をふりむける。きょうだいの機会均等に母親はつとめる。

（14）母親に内緒で女子と特別な時間を過ごしたり、特別な行動を一緒にしないように父親と兄に注意を促す。

（15）常日頃から社会問題について関心を持つように母親は女子とかかわる。略取誘拐事件、通り魔事件、セクハラ問題、出会い系サイト問題、援助交際、児童買春などの事件への女子の関心を呼びこむ。日常生活にも危険が潜んでいる可能性があるという認識を育てておく。
(16) 性教育を行なう。エイズや性感染症に関するビデオや映画や書物などを通して、親も学校も機会ある度に性教育を行なう。その際、女子の年齢と発達を勘案すること。
(17) 両親の寝室は女子が小学生以上になったら別にする。両親の裸を見せることは慎む。
(18) 関係の危険への配慮は家族関係を悪くすることではない。むしろ良い家族関係を維持するための必要なプロセスであることを教育する必要がある。

《他者からの性虐待の予防》

(1) 人を見立てる力をつける。なかには性虐待を加えようと機会を狙っている人がひそんでいるかも知れないという現実を知っておくこと。
(2) 状況を見立てる力をつける。常に危険がある訳ではないが、状況によっては危険になる場合もあることを知っておくこと。たとえば自宅や自室でさえも。
(3) 安全神話からの脱出。絶対的な安全はないのだという現実を知ること。自分だけは大丈夫ではない現実があることを知っておくこと。
(4) 多くの場合は知っている人から性虐待を加えられている現実を知っておくこと。知っているから、集団だから、人がいるから大丈夫ではないことを知っておくこと。
(5) 自宅だから、知っている所だからと言って安全ではないことを知っておくこと。

（6）朝や昼間だからと言って安全ではないことを知っておくこと。多くの被害は昼間に発生している。
（7）誰もいないから安心、だれかがいるから安心でもないことを知っていること。
（8）住宅地、繁華街だからと言って安心ではないことを知っておくこと。
（9）地味な服装、ズボンをはいていれば安心というわけではない。
（10）美人でなく、目立たないから安心というわけではない。逆に目立たない女子が狙われやすい。
（11）小・中学生だからと言って安心ではない。幼いから逆に狙われることがある。
（12）生理期間中だからと言って安心ではない。
（13）人は望まない接触は拒否する権利があることを知っておくこと。
（14）性虐待を知っていること。行為の意味するところを知っておくこと。
（15）自分の身の安全は自分が守る意識を持つこと。
（16）怪しい人影があるときはともかく逃げること。逃げられないときは携帯電話のカメラを向けて撮影する。大声で助けを求める。
（17）男が近づいてきたら携帯電話のカメラのフラッシュをたき、親か知人に「警察に電話して」「助けて」と大声で叫び男にむかって「映像を送信する」と大声でいう。
（18）暗い道、一人歩き、静かな道は携帯電話で通話する。その際、通話内容に夢中にならないで背後や横道に配慮を怠らない。怪しい人影にはカメラをむけてフラッシュ撮影する。

(19) 危険を感じたら防犯用のスプレーを噴射する、同時に警報機を作動させる。護身術で身を守る。護身術や防犯体制が万全でなければ危険回避を優先した行動をとる。

(20) 恥ずかしいから大声を出さない、という女子が狙われやすいという現実を知っておく必要がある。警察に訴えたりしないと思われる女子、おとなしそうな女子が狙われやすい。大声で助けを求める練習をしておくのは大切な事である。

《買春被害を予防する》

(1) 小・中学生は法律上は子どもであって社会的に保護される立場であることを繰り返し伝える。買春の被害にあう女子の多くは事前に非行傾向を示している。そして女子の多くは「何をしても勝手」「誰からも自分は必要とされていない」と思い込んでいる。教員はこうした女子と一対一の関係のなかで予防活動を展開することになる。

(2) 小・中学生の仕事は勉強すること、友達を作ること、健康な体を作ることであって生活費を稼いだり自分の身体を性的に虐待してはいけないと繰り返し伝える。身体を自分から虐待してはいけないと繰り返し女子に伝える。女子の体は自己実現するためのかけがえのない唯一の命なのだと、繰り返し伝える。

(3) 小・中学生は将来大人になって自己実現をするための重要な準備期であるので、学校を休んだりさぼったりしてはいけないと、繰り返し伝える。遅刻や早退や欠席に対して迅速に親の呼び出しを行なう。繰り返し親と女子を呼んで面接する。

(4) 援助交際や風俗という軽い響きとは裏腹に厳しい現実があることを事例を通して伝える。警察署などの協力を得て性犯罪被害にあわないための教育をすると良い。

(5) 性教育と安全教育をする。民間の活動団体の協力を得ると良い。

(6) 買春のグループが学校内に形成されているなどの情報は聞き流さない。それとなく情報を集め、関係者が現場にでかけ事実を確認する。その際、地域の青少年補導員らが情報を持っていることがある。地域の連携が買春の予防活動には鍵となる。

(7) 買春のグループが発見されたらグループが拡大しないように予防しなければならない。グループのメンバーとは個別な対応を繰りかえし行なう。状態によってはグループを解体させるために警察署の協力を申請することも検討する。

(8) 家族関係の調整が必要な時は専門機関の協力を得る。買春による性虐待の被害は一人を見逃すと急速に拡大する可能性があるので即応体制が必要になる。家族関係が再建不能に崩壊した場合や専門的な援助が必要なときは速やかに児童相談所に相談する。

(9) 地域の警察署との交流会をもって児童生徒が相談しやすい関係を学校側が常日頃から作っておく。女性の警察官と顔見知りになっておくことは大事である。

(10) 買春問題はどの女子にも起こりうることであることを学校保健活動や家庭教育活動のなか

で話題として取りあげ、親が買春問題に関心を持つように促す。

(11) 子ども買春は親が子どもの発達に注意を向けていればめったに発生しない。特に親と女子の関係が重要な鍵をにぎっている。不用意に「勝手にしろ」「だめな子だ」「出ていけ」などの言葉を言わないように、またダメなことはダメだと毅然と拒否する態度も必要であることを教育する。子ども買春の予防の第一は親子関係にあることを機会あるたびに伝える。

［まとめ］

性虐待の予防活動をもう一度整理してみましょう。性虐待の予防の第一は家族の機能の回復で日常生活を見直し、女子の発達相応の生活環境を整えることです。生活習慣を見直したり生活環境を整えたりする活動はすなわち親役割の見直しであるといえるでしょう。

性虐待が発生するハイリスクな生活習慣や住環境や家族関係は、当事者らは多くの場合は危機に気づいていない可能性があります。五人が六畳間に就寝し高校生の兄と中学生の妹が同じ布団で寝ていたN子の事例を思い出してください。来所したN子の母親は「生活に追いまくられる日々で、子どもたちが青年期をむかえていたことに気づくゆとりもなかった。配慮にかけていた」と語っています。

もし仮に、住環境や生活の仕方が兄とN子の双方にとって好ましくないという情報と、異性の子どもを育てるうえで配慮すべき点についてのガイドが、三ヶ月前にN子の母親に対してなされていたら、それは性虐待の「未然防止」となった可能性があります。そのガイドがN子の小学校高学年、すなわち一年から二年前になされていたら性虐待の「予防活動」となった可能性があります。このような情報提供と教育は予防活動に必須です。

予防活動の第二は、地域の関係機関の連携です。女子の性虐待の発見と防止は教員単独でも学校関係者のみでも可能です。しかし予防活動は警察署・民間活動団体・地域住民の組織の協力と協働が必須となります。特に教育普及活動は専門機関・団体の所有しているノウハウは大変に貴重です。家庭外の性虐待の予防活動には他機関との連携が鍵となるでしょう。

予防活動の第三は、おとな一人ひとりの責任感の掘り起こしではないでしょうか。先述の宮台の言葉のように「性の問題は生の問題であり、なおかつ子ども・青少年の問題は大人の問題である。青少年の問題どうするかの前に、生をどうするかが論じられなくてはならず、子どもをどうするかの前に、大人をどうするかが論じられなくてはならない」というのはもっともなことでしょう。

買春問題が小学生まで浸透し、急速に性虐待の被害児童が増加している段階にあって、いまや宮台の言う「大人をどうするかが論じられなくてはならない」の段階ではなく、筆者は「大人の責任性の掘り起こし」の段階であると認識しています。大人の責任性の掘り起こしとは筆者も含めて日常にになげなく使用している「勝手にすれば」などの言葉の見直しを含む大人の生活態度そのものにあるといえるでしょう。

第４節　全体のまとめ

防止活動は性虐待の直前防止、未然防止、再発防止、拡大防止、そして予防があると筆者は認識しています。そのなかでも性虐待の予防は何にもまして先行されるべきで、第６章に家庭生活での予防を具体的に記しています。

さてここで性虐待の発見・防止に関しての重要な項目を三点にまとめて示しましょう。

（1）性虐待の問題は二世代、三世代の問題としてかかわる必要がある場合が多い。女子だけをみていたのでは見立てと手だてを誤ることがある。

（2）性虐待の問題は心の問題でも、精神の問題でも、性の問題でもない。第一に虐待の問題なのである。また通報・通告そして被害届を出して告訴して終わる問題でもない。人権の回復、尊厳の回復には多機関の多職種の温かい多数の手が必要である。

（3）性虐待の発生の防止には生活という視点が必要である。生活は学校生活と家庭生活である。つまり一人ひとりの子ども生活の安全の気配りを周囲の大人がすることが必要なのである。

「二〇〇五年四月に成立し十月に施行される改正児童虐待防止法は、児童相談所などへの通告の対象を拡大するなど、被虐待児童の早期発見・保護に力をいれていますが、親の立ち直りをどう支援するかは、施策の遅れが指摘されている」という記事が全国紙に掲載されました。確かに被虐待者に対する援助だけではなく、虐待者への援助は必須でしょう。

多くの子どもはどのような親であろうとも一緒に暮らすことを望んでいます。父親から性虐待を受けたC子を思い出してください。C子は身体的虐待と性的虐待を父親から受けました。その父親の脳内に新生物が発見され摘出手術が行なわれました。父親は配置転換になり社宅を引き払わなくてはならなくなりました。転居前に訪れたC子は母親とともに「父を許そうと思う」と述べていました。

C子は「父親を否定することは、家族の想い出の全部を否定することになるから、それはできない。自分も否定することになる」と述べました。そうした家族への思いを語ったのはC子のみではありません。A子の父親は娘への性虐待の事実を認め、再度そうしたことは行なわないと誓い、そしてそれを実行しています。父親は筆者に「もし家族を失うのであるのならすべてを失うことになる。それだったらいっそ心中も辞さない」と述べていました。そのときの思いつめた表情を忘れることはできません。C子やA子らにとっての解決策とは、児童相談所への通告、ないし警察署への被害届の提出ではなかったのです。援助者から通告の教示や被害届の提出の強要が被害を大きくしてしまうこともあり、性虐待の対応の難しい点といえます。

本書は女子への性虐待の発見と防止について、女子が所属する社会的な場である学校の関係者に向かって具体的にポイントを提示しています。その目的は性虐待の内容は一つひとつ異なっている点と、対応も一つひとつ異なるということを、たくさんの現実を示すことで理解して欲しかったからです。そして女子と日常的に接する機会を有する教員一人ひとりが、児童生徒一人ひとりを大切に見守り、日常の変化を受け止めて欲しいと筆者は考えているのです。

引用・参考文献

第1章

(1) 池田由子『児童虐待――ゆがんだ親子関係』中央公論社、一九八七年。
(2) 池田由子『汝わが子を犯すなかれ――日本の近親姦と性的虐待』弘文堂、一九九一年。
(3) スティーブン・J・ウォーリン、シビル・ウォーリン『サバイバーと心の回復力――逆境を乗越えるための七つのリジリアンス』奥野光、小森康永訳、金剛出版、二〇〇二年。
(4) 内田春菊『ファザーファッカー』文藝春秋、一九九三年。
(5) 加藤曜子『児童虐待リスクアセスメント』中央法規出版、二〇〇一年。
(6) 北山秋雄編『子どもの性的虐待――その理解と対応をもとめて』大修館書店、一九九四年。
(7) E・ギル『虐待を受けた子どものプレイセラピー』西澤哲訳、誠信書房、一九九七年。
(8) F・G・クルーズ、L・エッセン『虐待サバイバーの心理療法――成育史に沿った包括的アプローチ』倭文真智子監訳、金剛出版、二〇〇一年。
(9) 子ども虐待防止センター「性虐待を考える」一九九四年。
(10) 斎藤学『子どもの愛し方がわからない親たち――児童虐待、何が起こっているかどうすべきか』講談社、一九九二年。
(11) 斎藤学「日本の摂食障害における児童期性的虐待の頻度について」『思春期青年期精神医学』六-二、一九九六年。
(12) D・N・ジョーンズ、J・ピッケット編『児童虐待防止ハンドブック』鈴木敦子ほか訳、一九九五年。
(13) 児童虐待防止制度研究会編『子どもの虐待防止――最前線からの報告』朱鷺書房、一九九三年。

(14) 芝野松次郎編『子ども虐待ケース・マネジメント・マニュアル』有斐閣、二〇〇一年。
(15) 女性ライフサイクル研究所編『子ども虐待(いじめ)の防止力を育てる——子どもの権利とエンパワメント』京都法政出版、一九九七年。
(16) 性暴力を許さない女の会『サバイバーズ・ハンドブック——性暴力被害回復への手がかり』改訂版、新水社、二〇〇二年。
(17) 津崎哲郎『子どもの虐待——その実態と援助』朱鷺書房、一九九二年。
(18) 西澤哲『子どもの虐待——子どもと家族への治療的アプローチ』誠信書房、一九九四年。
(19) 西澤哲『子どものトラウマ』講談社、一九九七年。
(20) 西澤哲『トラウマの臨床心理学』金剛出版、一九九九年。
(21) クレア・B・ドラッカー『子どもの性的虐待サバイバー——癒しのためのカウンセリング技法』北山秋雄・石井絵里子訳、現代書館、一九九七年。
(22) 信田さよ子『子どもの虐待防止最前線』大月書店、二〇〇一年。
(23) H・J・パラド、L・G・パラド編『心的外傷の危機介入——短期療法による実践』河野貴代美訳、金剛出版、二〇〇三年。
(24) ジュディス・L・ハーマン『父-娘　近親姦——〈家族〉の闇を照らす』斎藤学訳、誠信書房、二〇〇〇年。
(25) フェミニストセラピィ研究会編『Working with women：性暴力被害者支援のためのガイドブック』フェミックス、一九九九年。
(26) 穂積純『甦える魂——性暴力の後遺症を生きぬいて——なぜ生きるのがつらいのか、人にとって子供時代とは』高文研、一九九四年。
(27) C・マダネス『変化への戦略——暴力から愛へ』斎藤学監訳、誠信書房、一九九六年。
(28) キャシー・マルキオディ『被虐待児のアートセラピー——絵からきこえる子どものメッセージ』角山富雄・田中勝博監訳、白川美世子・妹尾洋文・高田円訳、金剛出版、二〇〇二年。

(29) 緑河実紗『心を殺された私――レイプ・トラウマを克服して』河出書房新社、一九九八年。
(30) 森田ゆり『子どもの虐待――その権利が侵されるとき』岩波書店、一九九五年。
(31) 森田ゆり『誰にも言えなかった――子ども時代に性的暴力を受けた女性たちの体験記』築地書館、一九九二年。
(32) 森田ゆり編著『沈黙をやぶって――子ども時代に性暴力を受けた女性たちの証言＋心を癒す教本(ヒーリングマニュアル)』築地書館、一九九二年。
(33) 横浜婦人母子問題研究会「子どもへの性的虐待に関する報告書」一九九三年。
(34) ロジャー・J・R・レヴェスク『子どもの性的虐待と国際人権』萩原重夫訳、明石書店、二〇〇一年。

第2章

(1) 内田春菊『ファザーファッカー』文藝春秋、一九九三年。
(2) B・カーフェマン、イングリット・ローシュテーター『強姦する父――娘への性的虐待』中野京子・五十嵐蕗子訳、未來社、一九九二年。
(3) 柏女霊峰・才村純編『子ども虐待へのとりくみ』別冊『発達』二六、二〇〇一年。
(4) 柏女霊峰監『子ども虐待――教師のための手引き』時事通信社、二〇〇一年。
(5) 斎藤学『子どもの愛し方がわからない親たち――児童虐待、何が起こっているかどうすべきか』講談社、一九九二年。
(6) 西澤哲『子どもの虐待――子どもと家族への治療的アプローチ』誠信書房、一九九四年。
(7) 日本子ども家庭総合研究所『日本子ども資料年鑑　二〇〇四』KTC中央出版、二〇〇四年。
(8) ジュディス・L・ハーマン『父-娘　近親姦――〈家族〉の闇を照らす』斎藤学訳、誠信書房、二〇〇〇年。
(9) 森田ゆり編『沈黙をやぶって――子ども時代に性暴力を受けた女性たちの証言＋心を癒す教本(ヒーリング　マニュアル)』築地書館、一九九二年。
(10) 山口遼子『セクシャルアビューズ――家族に壊される子どもたち』朝日新聞社、一九九九年。

(11) 吉田タカコ『子どもと性被害』集英社、二〇〇一年。

第3章

(1) 北山秋雄ほか「性的搾取及び性的虐待被害児童の実態把握及び対策に関する研究」平成十二〜十四年度厚生科学研究(子ども家庭総合研究事業)報告書。
(2) ブレア・ジャスティス『ブロークン・タブー――親子相愛の家族病理』山田和夫・高塚雄介訳、新泉社、一九八〇年。
(3) ジュディス・L・ハーマン『父-娘 近親姦――〈家族〉の闇を照らす』斎藤学訳、誠信書房、二〇〇〇年。
(4) スーザン・フォワード、クレイグ・バック『近親相姦』佐藤亮一訳、河出書房新社、一九八一年。
(5) 穂積純『甦える魂――性暴力の後遺症を生きぬいて』高文研、一九九四年。
(6) 穂積純『解き放たれる魂――性虐待の後遺症を生きぬいて――子供時代の呪縛からの解放』高文研、一九九九年。
(7) 森田ゆり『沈黙をやぶって――子ども時代に性暴力を受けた女性たちの証言＋心を癒す教本(ヒーリング マニュアル)』築地書館、一九九二年。
(8) F・F・ロフタス、K・ケッチャム『抑圧された記憶の神話――偽りの性的虐待の記憶をめぐって』仲真紀子訳、誠信書房、二〇〇〇年。

第4章

(1) パドラ「心的外傷の危機介入」ゲイル・アバーバネル他著 『レイプの被害』河野貴代美訳 金剛出版、二〇〇三年。
(2) 池田由子『児童虐待――ゆがんだ親子関係』中央公論社、一九八七年。
(3) 板谷利加子『御直披』角川書店、一九九八年。
(4) 小西聖子『犯罪被害者の心の傷』白水社、一九九六年

(5) 小林寿一「小学生の性被害を防止するために　被害防止対策の現状と今後の方向性」月刊『少年育成』四九-三、社団法人大阪少年補導協会、二〇〇四年。

(6) 斎藤学『子どもの愛し方がわからない親たち――児童虐待、何が起こっているかどうすべきか』講談社、一九九二年。

(7) 性暴力を許さない女の会『サバイバーズ・ハンドブック　性暴力被害回復者への手がかり』新水社、二〇〇二年。

(8) 田上時子「あなたの心とからだはあなたのもの」月刊『少年育成』四九-三、社団法人大阪少年補導協会、二〇〇四年。

(9) 津崎哲郎『子どもの虐待――その実態と援助』朱鷺書房、一九九二年。

(10) ジュディス・L・ハーマン『心的外傷と回復』増補版、中井久夫訳、みすず書房、一九九九年。

(11) ジュディス・L・ハーマン『父-娘　近親姦――〈家族〉の闇を照らす』斎藤学訳、誠信書房、二〇〇〇年。

(12) スーザン・ブラウンミラー『レイプ・踏みにじられた意思』幾島幸子訳、勁草書房、二〇〇〇年。

(13) フェミニストセラピィ研究会編『Working with women：性暴力被害者支援のためのガイドブック』フェミックス、一九九九年。

(14) 緑河美紗『心を殺された私　レイプ・トラウマを克服して』河出書房新社、一九九八年。

(15) 森田ゆり『誰にも言えなかった――子ども時代に性的暴力を受けた女性たちの体験記』築地書館、一九九二年。

(16) 吉田タカコ『子どもの性被害』集英社新書、二〇〇一年。

第5章

(1) 上野千鶴子『ナショナリズムとジェンダー』青土社、一九九八年。

(2) 江原由美子『フェミニズムの主張』勁草書房、一九九二年。

(3) 杉田聡『男権主義的セクシュアリティ――ポルノ・買売春擁護論批判』青木書店、一九九九年。

（4）性の権利フォーラム編『淫行条例　十三の疑問――少女売春はなくせるのか？』現代人文社、一九九六年。
（5）宮台真司ほか『〈性の自己決定〉原論――援助交際・売買春・子どもの性』紀伊國屋書店、一九九八年。
（6）ロジャー・J・R・レヴェスク『子どもの性的虐待と国際人権』萩原重夫訳　明石書店、二〇〇一年。
（7）渡辺和子『女性・暴力・人権』学陽書房、一九九四年。

おわりに

本書は二〇〇一年の商業的性的搾取の世界会議の前に神奈川県中央児童相談所で開催された「性虐待をうけた児童の影響と対応について」の講演の発表内容を大幅に加筆修正したものです。会場の参加者から一刻でも早く出版して欲しいと要請されていました。思い起こせば四年という月日が経過してしまいました。本著を借りてお詫びしたいと思います。本当に遅くなりました。

現在、筆者は大学の研究職にあります。しかし不登校等を主訴とする相談依頼はあとを絶ちません。近年の傾向は学校不適応と生活問題が重複して観察される事例が増加している点です。生活問題のなかには性虐待などの問題も相当数含まれています。

虐待問題は女子・家族ばかりではなく学校関係者などを巻き込み緊迫した様相を示すのが特徴です。余談を許さない家族の状況と、通告と発見の義務が課せられた学校教育現場の緊迫した様相が相《あい》俟《まっ》って、一種独特の雰囲気が問題を取り巻いて発生します。

そうした状況のなかで散見されるのは「遅すぎた対応」と「早すぎた対応」です。つまり学校関係者の誤った対応が散見されるのです。両者の背景に、担当教員の単独の判断ないし行動にあります。

担当教員が気づいていたが担当学級の児童生徒であるからこそ他の教員に開示しにくかったというのが多い傾向にあります。加えて学校管理者が学校内でそのような事件はみっともないから様子を見るとして通告しなかった例もあります。

その一方で、性虐待を発見した教員が通報して、警察官が女子の家にパトカーで押しかけ、大騒ぎになった事例もあります。それにより学校と女子のきょうだいと家族と地域の関係が遮断してしまったという事例が報告されています。通報ないし通告はその行為実施の結果により予想されるリスクを最小にする対策を講じてから実施するのが良いでしょう。通告ないし通報はそれ自体は早すぎることはないですが、準備不足の状態では早すぎた結果となることがある点は注意が必要でしょう。近年は、個人情報の保護の問題もあります。

本書では紙幅の関係から性虐待の援助について記述していません。まず発見と防止を徹底したいと筆者は思っています。決して援助過程を軽視しているわけではありません。援助に関しては別巻で報告することにしています。わが国にはわが国の独自の性虐待の様相があります。欧米の知見は貴重ですが、わが国の現実とのギャップも正直言って看過できない部分があろうかと筆者は思っています。

最後に謝辞をもうしあげたいと思います。今回も出版をささえてくださった誠信書房編集部の松山由理子氏ならびにお手伝いくださった佐藤道雄氏に深甚より感謝申しあげます。わが国の子どもの性虐待の問題を真っ正面から論じた本書の出版は、出版社として多少のリスクを引きうける覚悟が必要であったでしょう。社会はいまだにそれを知りたくないという思いが強いからです。

誠信書房社主、柴田淑子氏ならびに松山氏は子どもの性虐待の発生を防止したい、そのためには情報が必要である、という筆者の出版の意図をくみとってくださいました。本書が誠信書房から出版されることをこころよりうれしく思います。

平成十七年六月末日

石川　瞭子

著者紹介

石川　瞭子（いしかわ　りょうこ）

1998年　日本社会事業大学大学院社会福祉学研究科博士課程修了
現　在　川崎医療福祉大学医療福祉学部助教授（社会福祉学）・臨床心理士
著　書　『「現場」のちから――社会福祉実践における現場とは何か』（共著）誠信書房，2002.『不登校と父親の役割』青弓社，2000.『子どもの福祉』（共著）八千代出版，1997.

子どもの性虐待――スクールカウンセラーと教師のための手引き

2005年9月5日　第1刷発行

著　者　石　川　瞭　子
発行者　柴　田　淑　子
印刷者　井　川　高　博

発行所　株式会社　誠　信　書　房
〒112-0012　東京都文京区大塚3-20-6
電話　03（3946）5666
http://www.seishinshobo.co.jp/

末広印刷　協栄製本

ISBN 4-414-40361-8 C 3011